통일과 역사 새로 쓰기

독일 현대사에서 배운다

Zeitgeschichte in Deutschland nach dem Ende des Ost-West-Konflikts
by Christoph Kleßmann
Originally published in Germany by Klartext, Essen, 1998.

통일과 역사 새로 쓰기

독일 현대사에서 배운다

크리스토프 클레스만 / 최승완 옮김

역사비평사

한국의 독자들에게

　이 책은 세상을 떠들썩하게 했던 국가안전부(MfS)[1]*에 대한 충
격적인 보도열풍이 수그러든 후에도 동독사에 대한 논쟁이 격렬
하게 전개되던 시기에 저술되었다. 당시의 논쟁은 정치적, 역사
적 성격을 띠고 있었다. 이제는 사라지고 없는 동독이 남긴 유산
을 어떻게 다룰 것인가는 비단 언론매체만의 관심사가 아니었
다. 독일 연방의회 역시 이 문제에 관심을 가졌다. 이에 따라 동
독 역사를 조명할 목적으로 1992년에 조직된 제1차 연방의회 조
사위원회(Enquete-Kommission)에 이어 통합사회당(SED, 이하 통사당)
독재가 그 희생자들에게 미친 영향에 대한 비판적 분석을 주요
임무로 하는 제2차 조사위원회도 결성되었다. 이 두 위원회는
사료와 동독인들의 경험담 청취와 토론 기록으로 구성된 방대한
자료를 남겼다. 역사가들은 앞으로 이 자료들을 연구에 이용할
수 있을 것이다.
　그러나 '올바른' 동독사 서술과 해석에 대한 논쟁은 현대사가
들과 언론인들의 주요 관심대상이기도 했다. 이들의 논쟁에서
핵심 역할을 한 것은 무엇보다 연구방법론에 관한 문제들이었

---

1) (역자) 일명 슈타지(Stasi)라 불리기도 하는 국가안전부는 동독의 비밀정
　보기관으로, 전 사회영역을 감시하고 통제함으로써 동독 정권 유지에
　중추적 역할을 했다. 통일 후 국가안전부의 문서가 공개되면서 그간 이
　기관이 자행한 각종 억압의 양상이 낱낱이 드러났고, 이에 따라 국가안
　전부는 통일 직후 수년간 독일 사회의 핫 이슈가 되었다.

다. 동독은 전체주의적이었는가? 동독은 건국에서 붕괴에 이르기까지 전적으로 스탈린주의적이었는가? 동독과 나치독재를 비교하는 것이 과연 의미 있고 타당한 것인가? 아니면 이러한 비교는 자주 인용되는 에곤 바(Egon Bahr)의 표현처럼, 산더미 같은 서류를 남긴[2]* 통사당 정권과 달리 산더미 같은 시체를 남긴 '제3제국'의 위험성을 경시하는 것인가? 사회적 회색지대와 '독재권력이 미치지 못한 영역' 내에서 누릴 수 있었던 삶의 안락한 측면이 별것 아니었을 정도로 모든 공산주의국가에서 공산당의 지배가 확고히 시행되었으니, 연구의 중점은 우선적으로 정치사와 공산당정권이 행사한 억압에 두어야 하는가? 서독의 정치는 어떤 점에서 통사당 독재가 오랫동안 안정적으로 유지되는 데 일조했으며, 서독 학자들은 어느 선까지 서독의 정치노선을 대변했는가?

이 모든 질문들은 복합적으로 연구동기를 부여했고 연구주제 선정에도 영향을 미쳤다. 전체적으로 볼 때 서독의 성공사는 관심대상이 되지 못하고 있는 반면, 동독 연구는 전례 없는 호황을 맞게 되었다. 그러므로 1945년 이후 나치 과거청산에서 그랬던 것처럼 동독사에 대한 비판적 조명도 지체될 것이라는 우려는 전혀 근거 없는 기우에 불과했다.

---

2) (역자) 이를 단적으로 보여주는 것이 바로 국가안전부가 남긴 문서이다. 이 문서를 거리로 환산하면 무려 178km에 이른다. 폐기된 문서량이 25km로 추정되는 만큼 전체 문서는 200km라는 엄청난 규모에 달한다. 이에 대해서는 최승완, 「구동독 국가안전부의 활동과 문서처리 현황」, 『서양사 연구』 제23집, 1999, 155~194쪽 참조.

6

이 책에서는 이러한 문제들 가운데 몇 가지에 대해 좀더 상세히 논의해보고자 한다. 이 가운데 여러 주제들은 독일뿐 아니라 공산주의가 종식된 동유럽 사회 그리고 아마도 여전히 분단상황 속에 살고 있는 한국 독자들에게도 흥미가 있을 것이다. 다시 통일된, 혹은 더 바르게 표현해 새로이 통일된 독일은 바야흐로 심각한 경제적, 사회적 위기를 겪고 있다. 이 위기는 통일로 인해 야기되었지만, 그렇다고 전적으로 통일의 결과만은 아니다. 경제와 사회 영역에서는 분명 철저한 개혁이 요구되었지만, 이는 수년간 떠들썩했던 통일의 역사에 가려져 있었다. 설득력있는 개혁안을 제시하지도 실행에 옮기지도 못하는 정치가들 — 정부와 야당 모두에 해당함 — 의 무능력이 점점 더 명백히 드러나고 있다. 이러한 상황은 이를 지켜보는 많은 사람들에게 과거 동독이 보여준 개혁의 무능함을 상기시켰고, 의회민주주의에 대한 근본적인 회의를 불러일으켰다. 또한 초기의 부단했던 낙관주의 역시 이런 추세로 가고 있다.

통일로 인해 야기된 경제적, 사회적 부담은 예상했던 것보다 훨씬 더 심각했고, 이는 독일의 정치문화에도 큰 영향을 미쳤다. 연방과 주 차원에서 치러진 선거결과들은 독일이 여전히 정치적으로 분열되어 있음을 보여준다. 이는 민주사회당(PDS, 이하 민사당)이 서독 지역에서는 아주 보잘것없는 정당이지만 구동독 지역에서는 당초 예상과 달리 상당한 지지자를 확보하고 있다는 사실을 통해 확인할 수 있다.[3]*

---

3) (역자) 민사당은 동독의 집권당이었던 통사당을 계승하여 창설된 정당

이러한 정치적 상황은 일반적으로는 독일 전후사의 주요 측면을, 특수하게는 통일의 역사의 주요 측면을 나타내는 것으로 동유럽 이웃 국가들과의 차이를 보여준다. 동유럽 국가들에서는 단지 국민적 노력과 유럽연합(EU)의 일정한 지원에 의해서만이 미래가 보장될 것임을 누구나 알고 있다. 그에 비해 구동독 지역의 경우 정치가들이 주창한 '내적 통일'의 척도는 바로 서독이다. 서독은 유리한 기본여건을 토대로 경제적·정치적으로 선진국가 체제로 발전하는 데 수십 년이 걸렸다. '동독 지역의 재건'을 적극 지원하려는 의지는 독일 사회에 여전히 존재하지만, 점점 약화되고 있다. 동독 지역에 대한 기존의 재정지원 방식도 점차 비판적으로 논의되고 있다. 서독에도 예나 지금이나 구조적으로 취약한 지역이 존재한다. 동독 지역에 대한 연대의지가 서독의 취약지역을 지원하려는 용의보다 더 강하고 또 그래야 한다면, 1945년 이후 분단 독일사의 성격 역시 사회적 논의의 중심 대상이 되어야 할 것이다. 서독 지역은 책임이 없음에도 불구하고 동독 지역의 역사적 발전결과에 대한 책임까지 떠맡아야 하는가?

독일 전후사는 더이상 고전적 의미의 민족사가 될 수 없었다.

으로 신자유주의의 헤게모니에 맞서 정의와 평등, 진정한 민주주의를 표방하며 사회주의적 노선을 견지하고 있다. 민사당은 통사당의 후신이라는 부정적 이미지로 인해 초기에는 지지율이 낮았지만 통일과정에서 동독인들의 불만이 커짐에 따라 동독인들의 이해관계를 대변하는 정당으로 인식되면서 구동독 지역에서 무시할 수 없는 지지율을 확보하게 되었다.

그러나 오늘날의 관점에서 볼 때 전후사는 더이상 분리된 두 개의 동·서독 역사로 서술될 수 없다. 최근 독일의 많은 역사학자들과 역사교사들이 이 문제에 대해 관심을 가지고 작업하고 있다. 이러한 작업이 성공을 거두기 위해서는 무엇보다 양측에 대한 더 정확한 상호 인식이 필요하며, 흑백논리적 구도에 매몰되어서도 안될 것이다. 요컨대 나치역사 조명을 위해 제시된 "비판적 역사화"의 전제는 동독사에도 해당되는 것이다. 비난과 변호 사이에서 모순을 드러내는 동독사의 외관도, 서독의 성공사에 대한 비판적 구상도 모두 1945년 이후의 독일사에 속한다.

최근에는 서독도 동독에게 배울 것이 있지 않을까 하는 질문이 자주 제기된다. 다소 도발적으로 보이는 이 질문은 동독인들이 동독 붕괴와 통일 후에 겪어야 했던 실존적 대변혁의 경험과 관련이 있다. 자기만족에 빠진 서독도 세계화 추세로 인해 사회복지국가의 성격을 대폭 수정해야 하는 상황에 직면하고 있다는 점에서 이러한 경험을 눈앞에 두고 있다. 그러므로 최근의 과거는 정치적으로 시사하는 바가 크다. 과연 이로부터 유용한 교훈을 얻을 것인지는 미지수다. 그러나 이러한 논의들은 우리가 당연하게 생각해왔던 견해를 탈피하고, 우리의 심성을 바꾸는 데 기여할 수 있을 것이다.

분단시대 독일의 역사와 아직도 분단상태에 머물러 있는 한국의 역사는 유사성과 더불어 분명한 차이점을 보여준다. 이는 서로에 대한 관심을 촉진시킨다. 그러므로 양자를 생산적으로 비교할 수 있는 가능성이 있다면 이에 대해 신중하게 논의해야 할

것이다. 이 점에서 2004년 11월에 열릴 한국의 역사문제연구소
와 내가 몸담았던 독일 포츠담 현대사연구센터(Zentrum für
Zeithistorische Forschung Potsdam : ZZF)의 학술대회와 후속 학술대회
들은 이를 위한 중요한 출발점이 될 것이다.

  이 자리를 빌어 이 학술대회 조직에 힘써 준 한운석 선생에게
감사드린다. 그리고 무엇보다 나의 제자 최승완에게 특별한 감
사를 표하고 싶다. 그는 일찍이 동독사 중에서도 특히 어려운 영
역인 동독 체제비판세력에 대해 열의를 갖고 연구했다. 또한 박
사학위 취득 후에도 한국에서 독일 현대사 연구작업을 계속하고
있으며, 번역을 통해 한국과 독일 역사학의 대화에도 일조하고
있다. 이번 학술대회를 계기로 그가 번역한 이 책이 독일 역사
학과 한국 역사학의 대화를 위한 가교 역할을 할 수 있다면 저
자로서 더할 나위 없이 기쁠 것이다.

  2004년 10월 독일 포츠담에서
  크리스토프 클레스만

옮긴이의 말

1989년 가을 동독에서 전개된 정치적 대변혁으로 동독이 붕괴됨에 따라 독일은 오랜 분단을 극복하고 통일을 이루게 되었다. 전문가들조차 동독이 그렇게 쉽게 무너지고, 40여 년간의 분단 상황이 그토록 빨리 극복되리라고는 예상하지 못했다. 그런 만큼 통일 후 독일 학계에서는 열띤 논쟁이 전개되었다. 무엇보다 동독 체제의 불안정성을 과소평가한 통일 전 동독 연구 경향에 대해 근본적으로 문제가 제기되었고, 동독사를 어떻게 재조명할 것인지 그리고 분단극복 이후 독일 현대사는 앞으로 어떻게 쓰여져야 할 것인가에 대한 수많은 논의가 전개되었다. 클레스만 교수의 책은 바로 이러한 과정에서 쓰여졌다. 현대사 연구를 둘러싼 많은 논쟁에 적극적으로 참여했던 클레스만 교수는 팸플릿이라고 해도 좋을 정도의 얇은 이 책에서 1989년 정치적 대변혁 이후 1997년에 이르기까지 독일의 현대사 연구경향을 에세이 형식으로 설명하고 있다.

클레스만 교수는 독일의 대표적인 현대사가로 빌레펠트 대학과 포츠담 대학 역사학부 교수로 재직했고, 독일 현대사 연구의 중심지인 '포츠담 현대사연구센터' 소장으로서 통일 후 현대사 연구를 이끌었다. 동독이 붕괴하고 독일이 통일되는 역사적 시점에 유학을 갔던 옮긴이는 빌레펠트 대학에서 클레스만 교수가 개최한 동독사 세미나 수강을 계기로 스승과 제자의 인연을 맺게 되었다. 수많은 연구성과가 말해주듯이 클레스만 교수는 나치 시대부터 독일 전후사에 이르기까지 현대사의 다양한 영역에 대해 연구활동을 전개했다. 20세기 후반에도 여전히 정치사가 주류를 이루는 상황에서 그는 여기에 사회사적, 문화사적 시각을 결합함으로써 현대사 연구의 스펙트럼을 넓히는 데 기여했다. 또한 통일 전 서독에서 대부분의 역사가들이 서독사 연구에 주력했던 것과 달리 그는 동독사에 대한 연구도 적극적으로 수행했다. 이를 바탕으로 통일 후 본격화된 동독사 연구에서 선도적 역할을 담당하여 동독사 연구를 활성화시키는 주역이 되었다. 미국과 유럽의 수많은 연구자들이 그가 이끈 포츠담 현대사연구센터에 객원교수로 머물며 연구를 수행했다는 사실은 그의 학문적 명성을 입증해준다.

1998년에 출판된 이 책에서 클레스만 교수는 1989년 가을의 정치적 대변혁이 독일 현대사 연구와 서술에 어떤 변화를 가져왔는가라는 질문을 던지고 있다. 사회주의권의 붕괴와 독일 분단의 종식으로 20세기 독일 전후사를 규정지은 역사적 상황이 근본적으로 변화한 만큼, 현대사학계에도 새로운 방법론적 모색이 요구되었다. 이 점에서 클레스만 교수가 던진 질문은 중요한 의미를 갖는다. 이 문제를 논의하기 위해 그는 우선 이 책에서 현대사의 개념과 분단시기 동·서독에서 현대사가 어떻게 이해되었는지, 그리고 분단상황이 현대사 연구에 어떻게 반영되었는지를 설명하고 있다. 또한 1989년 정치적 대변혁 이후 수년간 독일에서 격렬하게 진행된 논쟁들의 논점을 비판적으로 분석하고,

주요 현대사 연구기관들의 연구중점과 활동상황도 소개하였다. 이를 통해 현대사 연구와 서술의 변화상황을 입체적으로 설명하고, 앞으로 현대사 서술이 어떤 방향으로 가야 할 것인가에 대한 전망도 제시하고 있다.

이 책의 장점은 우선 통일 전후의 독일 현대사 연구경향을 짧은 시간 내에 일목요연하게 파악할 수 있다는 점이다. 통일 후 현대사 연구방법론에 대한 개별적인 연구성과들은 셀 수 없을 정도로 많이 나왔지만, 그 문제들을 종합적으로 정리 및 결산하는 책은 흔치 않다. 또한 이 책은 비단 독일 연구자들에게뿐 아니라 한국사 연구자에게도 흥미로울 문제들을 다루고 있다. 기본적으로 전후 독일사는 동·서 대립(Ost-West-Konflikt)과 분단이라는 배경하에서 이해할 수 있고, 한국 현대사 역시 마찬가지일 것이다. 물론 분단의 구체적 원인과 양상이 달랐던 만큼 독일과 한국을 동일시할 수는 없지만, 역사적으로 유사한 상황에 있었던 독일의 예는 분명 우리에게 연구방법론적 측면에서 많은 시사를 줄 것이다. 예컨대 통일 후 분단시기 현대사 연구, 특히 과거 동독에 대한 연구경향을 둘러싸고 격렬하게 전개된 논쟁은 우리가 분단을 극복할 때 직면하게 될 학문적 파장에 대한 유추를 가능하게 한다. 통일 후 활발히 전개되고 있는 동독사 연구경향에 대한 자세한 소개도 주제선정과 방법론적 측면에서 북한사 연구에 도움이 될 것이다. 또한 전후 독일사는 세 가지 구도, 요컨대 강대국 소련과 미국이 동·서독의 역사발전에 미친 영향이라는 외적 배경과 동·서독이 각각 독자적으로 발전한 측면, 그리고 분단상황임에도 불구하고 상호 영향을 주고받으며 전개된 동·서독 역사의 관계사적 측면을 모두 고려하여 조명해야 한다는 클레스만 교수의 관점은 분단시기 한국 현대사를 연구하는 데 참고할만한 분석 틀을 제공해준다. 통일이 되었다고 해서 분단시기 동·서독의 역사를 목적론적으로 하나의 새로운 민족사로 통합하여 서술해서는 안되며, 또한 독일 현대사를 일국사적 관점이 아니라 유럽사와 관련해서 보아야 한다는 그의 지적은 우리 상황에서도 반드시 생각해야 할 문제들이다.

이러한 장점들에도 불구하고 이 책은 통일 후 독일 현대사 연구동향에 대한 많은 이야기를 적은 지면 속에서 압축적으로 설명하고 있기 때문에 독일사에 대한 지식이 많지 않은 독자들에게는 생소한 내용도 있을 것이다. 이에 대해 옮긴이는 역자주를 첨가함으로써 독자의 이해를 돕고자 하였다.

이 책은 2004년 11월 4~5일 역사문제 연구소 주최로 서울에서 개최되는 한·독 학술대회를 계기로 번역되었다. 통일 후 동독사를 중심으로 수행되는 독일 현대사 연구경향을 국내에 소개하고, 이에 따라 독일사 연구자뿐 아니라 한국사 연구자들에게도 방법론적 도움을 준다는 취지로 번역을 계획한 것이다. 그런데 연구시각, 방법론을 주로 다룬 이 책을 번역하면서 이왕이면 책의 내용을 좀더 보완할 수 있는 부록이 첨가되면 좋겠다는 생각이 들었다. 이를 위해 3종의 부록을 수록했다.

'부록 1'은 클레스만 교수와 가진 인터뷰이다. 단순히 책 내용만을 번역하기보다 저자와의 직접 대화가 곁들여진다면 독자들에게도 유익할 것이라고 생각했기 때문이다. 이를 위해 옮긴이는 2004년 7~8월 e메일을 통해 클레스만 교수와 여러 차례 인터뷰를 시도했다. 이 책이 특정 주제를 다룬 것이 아니기 때문에 대담주제들도 통일 전후 독일 현대사 연구에 대한 전반적인 내용으로 구성되었다. 대개의 질문은 일반 연구문헌들에서 다루어지지 않는 내용으로, 독일사 전공자가 아니더라도 흥미를 갖고 쉽게 이해할 수 있도록, 그리고 분단 국가로서 유사한 역사적 배경을 갖고 있는 우리의 상황을 염두에 두고 작성했다.

'부록 2'로는 이 책에서 방법론적으로 논의된 내용을 더욱 상세하고 구체적으로 다룬 클레스만 교수의 논문 「서로 분리되어 있었던 과거를 어떻게 하나의 역사로 파악할 수 있을까」를 수록했다. 이 논문은 김승렬 선생의 번역으로『독일 연구』창간호 (2001. 6)에 이미 소개된 바 있으나, 독일사 전공자 이외 독자들에게도 유용하리라는 판단에서 그의 동의를 얻어 다시 실었다. 이 논문은 클레스만 교수가 이 책에서 언급한 관계사적 관점의 동·서독사 연구방법론을 상론하고 있는데, 관계사적 관점은 분단 국가의 특수성을 반영하는 것으로 우리 상황에도 시사하는 것이 많을 것이라 판단되었기 때문이다.

'부록 3'에는 이 책에 언급된 현대사 연구소들 가운데 대표적인 연구소를 살펴보는 것도 필요하겠다 싶어 클레스만 교수가 쓴 '포츠담 현대사연구센터' 소개 글을 첨가했다. 클레스만 교수가 10년간 이끌어온 이 연구소는 독일 현대사 연구의 중심지로 국제적으로도 많은 주목을 받고 있다. 이 연구소의 구조와 연구

중점을 살펴보는 것은 통일 후 독일 현대사, 특히 동독사 연구경향을 구체적으로 인식할 수 있는 기회가 될 것이다. 옮긴이가 번역한 이 글도『독일 연구』창간호에 수록되어 있다.

이 번역서가 나오는 데는 여러 사람들의 도움이 있었다. 우선 한·독 학술대회 개최 기념으로 이 책의 번역을 제안한 한운석 선생과 힘들여 번역한 원고를 기꺼이 부록으로 삼을 수 있게 해준 김승렬 선생에게 감사드린다. 김승렬 선생은 독자들의 이해를 돕기 위해 예전의 번역을 다시 한번 다듬는 수고를 아끼지 않았다. 또한 인터뷰 내용을 읽고 점검해주신 신주백 선생, 전체 번역 원고를 읽고 조언을 해준 송충기·고유경 선생, 그리고 '단군 이래 최대 불황'이라는 어려운 출판계 상황에도 불구하고 분명 독자가 극히 제한적일 수밖에 없는 이 책의 출판을 선뜻 맡아주신 역사비평사의 김백일 사장님과 꼼꼼한 교정과 편집작업을 맡아주신 김윤경 부장께도 진심으로 감사의 마음을 전한다.

끝으로 2004년 2월 정년을 맞으신 클레스만 선생님께 제자로서 감사의 뜻을 전하고자 하는 마음으로 미진하나마 이 책을 번역했지만, 혹시 있을지도 모르는 오역으로 인해 당신께 누가 되지 않길 바란다. 이 책이 독일사 연구자와 한국 현대사 연구자들에게 작으나마 학문적 디딤돌의 역할을 할 수 있다면 옮긴이로서 더한 기쁨이 없겠다.

2004년 10월
옮긴이 최승완

차례

통일 후 독일 현대사 서술, 어떻게 달라졌나

▨ 일러두기

- 이 책에는 두 가지 주석이 달려 있다. 저자의 주석(원주)과 옮긴이의 주석(역주)이다.
- 원주는 각주 형식으로, 역주는 미주 형식으로 처리했다.
- 본문에서 다룬 주석 표식에서 원주는 명조체로, 역주는 작은 고딕체 글씨에 *를 덧붙여 구분했다.

통일 후 독일 현대사 서술, 어떻게 달라졌나*

* 이 책은 1996년 3월 1일 슈투트가르트 현대사 도서관(Bibliothek für Zeitgeschichte in Stuttgart)에서 필자가 행한 강연을 확대 및 대폭 보완한 것이다. 강연내용 가운데 일부는 마틴 자브로(Martin Sabrow)와 함께 공동으로 기고한 논문 "Zeitgeschichte in Deutschland nach 1989"[Aus Politik und Zeitgeschichte(APZ), 1996, Nr. 39, pp. 3~14]에 수록되어 있다. 좀더 상세한 내용을 담고 있는 이 논문의 영역본은 Contemporary European History, Vol. 6, 1997, pp. 219~243에 발표되었다.

** 책의 원 제목은 『동 · 서 대립 종식 이후의 독일 현대사 연구(Zeitgeschichte in Deutschland nach dem Ende des Ost-West-Konflikts)』이다.

1. 개념과 역사

역사학의 전문분과인 독일 현대사의 현주소를 살펴보려면 나치체제 붕괴 이후 학계와 독일 사회에서 전개된 최근사에 대한 논의를 되짚어보아야 한다. 현대사란 무엇이고 또 무엇이어야 하는가에 대한 내 생각은 오랫동안 한스 로트펠스(Hans Rothfels)의 선구적 논문 「현대사의 과제(Zeitgeschichte als Aufgabe)」에 영향 받은 바 크다. 이 논문은 1953년 『계간 현대사(Vierteljahrshefte für Zeitgeschichte)』 창간호에 발표되었다.

당시 튀빙엔 대학 학생으로서 그의 연구팀에 속해 있었던 나는 그가 정년 퇴임한 후에도 계속 접할 수 있었다. 현대사의 다양한 차원을 직접 자신의 삶 속에서 특수한 방식으로 구현했던 이 지도자적 인물의 매력에 빠지지 않은 사람은 거의 없었다. 로트펠스는 독일 현대사를 하나의 전문분과로 정립한 지적 선구자에 속한다. 그러므로 1989년 정치적 대변혁 이후 현대사분과가 어떤 변화를 경험했는가를 따져볼 때 자연히 그의 논문을 제일 먼저 언급하게 된다.

로트펠스는 다음과 같이 기술했다. "만약 현대사가 동시대를 사는 사람들의 시대이자 이에 대한 학문적 연구작업으로 이해되어야 한다면, 우리에게 현대사는 위기로 인한 격동의 시대이자, 바로 이를 통해 근본적으로 입증된 세계사적 상황의 시대임을 의미한다."[1] 이 말은 20세기 역사를 특징짓는, 그리고 1917년 볼셰비키혁명과 미국의 제2차 세계대전 참전을 통해 형성된 상황을 가리킨다. 로트펠스는 이후 서독 현대사 연구의 프로필을 지속적으로 결정지은 내용적 요소들을 이 "새로운 세계사적 시대"라는 말로 집약했다. 또한 그는 현대사를 연구하는 과정에서 직면하게 되는 특수한 정치적 문제들에 대해서도 언급했다. 그는 특히 감정이 깊이 개입될 수 있는 역사적 문제들을 대할 때 "사실을 파악하는 데서는 최대한 객관성을 …… 그러나 유럽식 교양의 전통과 원칙에 대해서는 결코 중립을 취하지 말 것"을 요구했다.[2] 로트펠스는 현대사의 정치적 의미를 "시간적 근접성과 그 어느 시대보다 강하게 느낄 수 있는 생생함을 당대의 열정에 휩쓸리지 않는 거리두기와 조화시키되, 그로 인해 상대적 회의에 빠지지 않으려는" 노력에서 찾았던 것이다.[3]

이 두번째 측면은 많은 것이 달라진 오늘날의 상황에서도 변함없이 유효하다. 그러나 그가 생각한 현대사의 기점은 이제 너무 낡아버렸다. 왜냐하면 1917년에 시작된 동·서 양대 진영의 대립은 소련의 붕괴와 동유럽에 구축되었던 소련제국의 해체와 함께 종식되었기 때문이다.[4] 현대사를 "동시대를 사는 사람들의 역사"로 유동적으로 규정하는 것은 형식상의 정의 자체가 그러하고, 로트펠스도 지적했듯이, 무엇보다 현대사의 영역이 1945년 이후로 확대되어야 한다는 것을 의미했다. 에버하르트 예켈(Eberhard Jäckel)은 1975년에 발표한 「현대사의 개념과 기능」이라는 논문에서 이미 이 점을 언급했다.[5] 제2차 세계대전 이후의 역사는 오래 전부터 정치학뿐 아니라 전문역사학 분야에서도 공인되고 많이 다루어진 연구분야로 자리잡았다.

그럼에도 불구하고 현대사와 관련된 주요 학문적·사회적 논쟁들은 오늘날에 이르기까지 두드러지게 나치시대에 집중되어 있다. "악마론적 패러다임"에 입각한 나치시대 해석으로부터 구조사적 패러다임에 의한 해석으로의 교체,1)* 독재와 다극체제(Polykratie)6)에 대한 논쟁, 반나치 투쟁(Widerstand)과 소극적 저항(Resistenz)에 대한 논의와 마틴 브로스차트(Martin Broszat)가 제기한 나치즘의 역사화 논의가 나치즘과 관련된 가장 대표적인 논쟁주제들이었다.7) 1980년대 후반에 격렬하게 전개된 역사가 논쟁과 골드하겐 논쟁2)* 그리고 동유럽 연구가 나치의 생활권 확보와

---

1) (역자) 악마론적 패러다임은 히틀러라는 인물의 악마성과 개인적 책임을 전적으로 강조하는 것으로 홀로코스트를 비롯해 나치정권이 자행한 범죄는 모두 히틀러의 뜻에 의해 이루어졌다고 파악한다. 예컨대 유태인 학살은 처음부터 유태인을 혐오했던 히틀러의 정치적 목표였고, 전적으로 그의 직접적인 명령에 의해 이루어졌다는 것이다. 반면에 구조주의적 해석은 이에 대한 설명을 나치정권의 구조에서 찾고 있다. 이 해석은 나치정책이 비체계적이고 일관성을 띠고 있지 못했다는 점을 지적하면서, 유태인 학살은 처음부터 히틀러에 의해 예정되어있었던 것이 아니라 오히려 복잡하고 파편화된 나치의 정책결정 체제, 정부기관과 여타 정치세력간의 주도권 경쟁, 히틀러에 대한 나치 지도세력의 충성경쟁 등이 복합적으로 작용하면서 야기된 것이라는 점을 강조하고 있다.
2) (역자) 역사가 논쟁은 1986/87년 독일의 우파 역사가와 진보적 역사가 사이에 나치 역사에 대한 해석을 둘러싸고 벌어진 논쟁이다. 우파 역사가들은 나치시대를 긍정적으로 재평가하여 역사적 정상화를 시도했고, 독일인들이 시달려온 홀로코스트에 대한 죄책감에서 벗어나야 한다고 주장했다. 이를 위해 이들은 유태인 학살은 볼셰비즘에 대한 반작용으로 야기되었다는 주장을 제기했다. 또한 터키의 아르메니아인 학살과 1920년대 러시아에서 자행된 학살을 예로 제시하면서 유태인 학살이 결코 역사상 유일무이한 사건이 아님을 강조했다. 이에 맞서 진보적 역

인구정책 준비에 미친 영향에 대해 최근에 전개된 비판적 논의도 원래는 소비에트공산주의 체제의 붕괴와 독재를 정당화하는 학문으로서 역사학의 핵심적 역할 문제가 제기되면서 전개되었지만, 논의의 대상은 어디까지나 나치시대였다.[8)]

1945년 이후 독일사 연구의 경우 처음에는 이에 견줄만한 것이 전혀 없었다. 또한 1945년 이후 현대사 연구는 오랫동안 정치학자들의 전유물이었다. 사회적 토론을 이끈 많은 연구성과들은 분단이 종식될 때까지 대부분 정치사적 관점을 지향했다. 더욱이 제2의 독일국가인 동독은 한참 후에서야, 무엇보다 헤르만 베버(Hermann Weber)의 연구성과들이 나오고 난 후에야 비로소 현대사의 정식 분야로 인정되었다. 그뿐만 아니라 1989년까지 동독은 정치학과 사회학 사이에 존재하는 이른바 동독 연구라는 고유의 특수연구 분야로 머물렀다.

동독의 상황은 또 달랐다. 동독에서 '현대사'는 서방의 언어적 관용과 차별화하려는 의도하에 전적으로 1945년 이후 시기를 의

사가들은 이러한 우파 보수주의적 시각은 나치범죄를 상대화시키고 은폐함으로써 독일사의 부정적 측면을 희석하고, 이를 바탕으로 민족적 자의식을 회복하려는 목적에서 비롯된 것이라고 맹렬히 비난했다. 이에 대해서는 구승회, 『논쟁 - 나치즘의 역사화』, 온누리, 1993 참조.
골드하겐 논쟁은 미국 역사가 골드하겐이 박사학위논문에서 제시한 주장으로 인해 야기되었다. 그는 유태인 학살은 소수의 골수 나치주의자에 의해 시행된 것이 아니라 평범한 독일인들이 참여한 전독일적 프로젝트였고, 이것이 가능했던 것은 독일 사회에 깊게 뿌리박고 있던 반유태주의 때문이었다고 주장했다. 그의 논지와 이에 대한 독일 사회의 반응에 대해서는 이진모, 「나치의 유대인 학살과 평범한 독일인들의 역할」, 『역사비평』 1998년 봄, 245~267쪽 참조.

미했다.9) 물론 이것이 제도화된 전공분과로 자리잡는 과정은 쉽지 않았다. 왜냐하면 상당수의 맑스주의 사가들 역시 정치적 지배를 역사적으로 정당화할 수 있다는 점에서 논란의 소지가 많은 이 영역을 진지하게 학문적으로 다루는 것이 불가능하다고 오랫동안 생각해왔기 때문이다. 동독 학술원(Akademie der Wissenschaft) 내 중앙역사연구소(Zentralinstitut für Geschichte) 부소장이었던 하인츠 하이처(Heinz Heitzer)는 "많은 역사가들이 진보세력이 수행하는 실질적, 정치적 투쟁에서 이탈하고 정치와 학문의 관계를 부르주아적·관념적으로 파악한다"고 비난했다. 이 비난은 곧 그가 "현대사라는 학문분과에 대한 기피"라고 명명한 현상이 왜 동독에서 야기되었는가를 알게 해준다.10)

동독에서 현대사가 제도화되는 데는 통사당의 적극적 개입이 있었다.11) 1947년 현대사 관련자료수집 부서로 발족하여 1949년 일련의 개편작업을 거쳐 개원한 '독일 현대사연구소(Das Deutsche Institut für Zeitgeschichte)'가 자체의 연구방향을 제시하는 최초의 출판물을 내기까지 꼬박 10년이라는 시간이 걸렸다. 이는 1958년 3월 『역사학보 (Zeitschrift für Geschichtswissenschaft)』에 발표되었다. 당시 이 연구소 소장이었던 발터 바르텔(Walter Bartel)의 현대사관에는 부르주아적 사고와 1956년 이후 대두된 수정주의적 이탈 경향을 근절하기 위해 통사당이 동독 역사가들에게 강요했던 당 정치노선에 대한 충성심이 반영되어 있었다. 바르텔은 사회주의 진영의 형성을 모든 선행 역사와 구분짓기 위해서는 현대사의 기점을 1945년으로 삼아야 한다고 보았다. "노동자계급의 역사적 추동력과 히틀러 정권이 독일 민족에게 물려준 것과 같은 혼란을 극복하기 위해 노동자들이 보여준 장엄한 투쟁행위가 바로 현대사가 전문분과로서 연구해야 할 대상이다."[12] 또한 그는 "미국의 제2차 세계대전 참전을 시대구분의 척도로 삼은 서독의 역사서술 역시 미 제국주의자들에 의해 사주받고 재정적으로 뒷받침된, 그리고 자국 민중의 의사에 반해 결성된 전쟁동맹을 정당화하는 이데올로기적 지원 수단이나 다름없다"고 인식했다. 이러한 관점에서 보면 서독의 현대사 연구는 단지 "당대의 사건을 착취자와 전쟁 교사자의 관점으로 해석하는" 데 기여할 뿐이었다.[13]

이처럼 선전과 역사연구가 명백히 결합된 상황에서 동독의 현대사 분과가 제대로 발전하지 못하고 정체된 것은 당연하다. '역사연구 아카데미(Akademie-Institut für Geschichte)' 내 '현대사위원회(Kommission für Zeitgeschichte)'는 개원 후 얼마 되지 않아 활동을 중단했고, '독일 현대사연구소'조차 1971년에 해체되었다. 그에 비해 학술조직의 개혁을 거쳐 1969년에 신설된 '중앙역사연구소(Zentralinstitut für Geschichte)' 소속으로 1970/80년대에 동독사 개설서 서술작업에 적극 참여했던 '동독사 분과(Wissenschaftsbereich DDR-Geschichte)'의 연구작업은 훨씬 성공적이었다.[14] 그러나 이 개설서들은 엄격하게 정치적 원칙에 따라 쓰여졌기 때문에 일반적으로 경험적 연구의 측면에서는 하등 가치가 없다.

1989년 동독 건국 40주년 기념일에 발행된 『독일사(Deutsche Geschichte)』 제9권은 1945년에서 1949년까지 시기를 다루고 있다.

이 책은 '동독이 표방한 평화주의 정책과 대화 정책'의 영향하에 처음으로 소련 점령통치기 동독 지역에서 일사천리로 전개된 사회주의 변혁과정을 신성시해온 기존 견해에 문제를 제기할 수 있었고, 스탈린 숭배의식을 조심스럽게 비판할 수 있었으며, 사회사 및 문화사의 관점을 수용한 역사서술의 방법론적·내용적 문제들도 다룰 수 있었다.[15] '중앙역사연구소' 내 '동독사 분과'의 내부용 토론자료를 살펴보면 동독 후기 역사학을 특징지은 '유산과 전통' 패러다임[3]* 덕분에 역사해석에 가해졌던 이데올로기적 구속이 조심스럽게 완화될 수 있었음을 알 수 있다. 이 자료는 동독 역사가 상당부분 사회주의라고 주장할 수 없는 조건하에서 전개되었다고 지적했다. 이러한 관점에서 이 자료의

---

3) (역자) '유산과 전통' 패러다임은 호네커(E. Honecker) 시기 동독에서 야기된 정치적, 역사학적 변화의 맥락에서 파악할 수 있다. 울브리히트 (W. Ulbricht)는 (최소한 겉으로는) 사회주의로 통일된 독일을 목표로 한 반면, 호네커는 분단과 두 국가의 존재를 돌이킬 수 없는 것으로 인식했다. 이에 따라 사회주의 민족국가를 지향한 호네커 정권은 동독이 독일사의 가장 진보적인 전통을 계승했음을 강조했고, 그 때문에 과거사를 예전과 같은 방식으로 무시할 수 없었다. 이후 동독에서는 진보라는 관점에서 과거사와 역사적 인물에 대한 긍정적 재평가가 시도되었고, 이를 통해 기존 역사해석의 경직성과 편협성에서 다소 벗어날 수 있는 계기가 마련되었다. 예를 들면 "제후들의 종", "농민을 배반한 자" 등 부정적으로만 평가되었던 종교개혁가 루터(M. Luther)의 경우 교황과 신성로마제국 황제에 맞서 혁명적 움직임을 이끌어냈다는 점이 긍정적으로 부각되었고, 이를 통해 루터에 대한 해석이 세분화되었다. 또한 동독 역사학에서 내내 폄하되었던 나치 시기 일부 부르주아 보수세력의 반나치 저항에 대해서도 좀더 공정한 평가를 내리는 것이 가능해졌다. 동독의 역사가들은 여전히 정치적 해석의 규정을 지켜야 했지만, 그 정도는 예전에 비해 훨씬 완화되었다.

저자들은 혁명적 변혁과 그에 따른 성과뿐 아니라 소련의 경험을 무비판적으로 수용한 것, 경제적으로 후진적이었던 경제상호원조회의(COMECON) 회원국들과의 불리한 경제협력 관계, 스탈린주의와 모스크바의 헤게모니 주장으로 인한 사회주의의 왜곡도 동독의 유산에 포함시켰다.16)

그러나 분명 반발하는 통사당 상부기관들을 상대로 힘든 투쟁을 벌여야 했을 이러한 뉘앙스의 변화는 1989년의 정치적 대변혁으로 인해 무의미하게 되었다. 통사당 정권의 붕괴는 그에 종속되어 있던 최근의 과거사 서술의 종말을 의미하는 것이기도 했기 때문이다.

서독의 현대사학계 역시 1989년 가을에 전개된 대전환에 놀라움을 금치 못하였고, 문제제기와 연구의 중점을 정하는 데 큰 영향을 미치게 되는 새로운 도전에 직면하게 되었다.

2. 1989년 정치적 대변혁의 결과와 독일 현대사 연구의 결점 및 기준에 대한 논쟁

예상치 못한 동독의 급작스러운 붕괴와 동독이 남긴 거의 모든 문서를 ─ 대외정책 관련 문서는 제외됨 ─ 30년간의 미공개 기간 없이 즉시 학문과 언론을 위해 개방하기로 한 정치적 결정은 현대사 연구에서 지극히 이례적인 상황을 조성했다. 우리는 무의식적으로 이 상황을 1945년 이후 시기와 비교하지만, 곧 커다란 차이를 인식하게 된다. 당시에도 특히 뉘른베르크의 국제 군사재판소(Internationaler Militärgerichtshof)를 위해 수집된 자료들 덕분에 "국가기밀(arcana imperii)"이 공개되었다. 최심층부의 지배 기구가 남긴 문서로 구성된 뉘른베르크 전범재판 관련자료들은 문서를 단편적으로 모아놓은 것에 불과했다. 그럼에도 불구하고 이 문서들은 최소한 규모면에서는 동시대의 주의 깊은 관찰자들조차 거의 파악하거나 상상할 수 없었던 수준으로 '제3제국'이 자행한 대규모 범죄의 끔찍한 현실을 알려주었다.

그러나 당시 모든 문서가 빠짐없이 공개된 것은 아니었다. 나치가 미처 폐기하지 못한 문서들은 우선 연합국에 의해 이송되었다가 1960년대가 되어서야 코블렌츠에 있는 독일 연방문서고에 비치되었다.[17] 메르제부르크와 포츠담의 동독 국가문서고에 비치된 문서들은 1989년까지 단지 소수 연구자들에게만 열람이 허용되었다. 또한 1940년대 말 독일의 모든 연합국 점령통치 지역[4]*에서 발행된 문화정책 관련 잡지에서 강한 도덕적 추동력

을 바탕으로 전개된 나치 역사에 대한 사회적 논쟁들도 1950년
대 서독에서는 점차 사라져 갔다. 그러다가 1958년 루드비히스
부르크 '주사법행정본부(Ludwigsburger Zentralstelle der Landesjustizver-
waltungen)'5)*의 창설과 1960년대 초에 전개된 주요 나치 관련 재
판들, 그리고 68학생운동권의 급진적 비판을 경험하면서 비로소
나치 과거사에 대한 논쟁이 다시 활성화될 수 있는 새로운 계기
가 마련되었다.18)

그러나 동독사의 경우는 상황이 전혀 다르다. "이제 그만 종결
짓자"6)*는 주장에 대해 이것이 제2차 세계대전 후에 자행된 치
명적인 과거 은폐를 되풀이되게 할 것이라는 우려의 목소리가
크게 대두되었고, 앞으로도 그럴 것이다.19) 자세히 살펴보면 동
독사의 경우 여러 면에서 출발상황이 분명히 달랐음을 알 수 있

4) (역자) 제2차 세계대전 후 독일은 패전으로 인해 미국, 영국, 프랑스, 소
련의 점령통치하에 놓이게 되었다. 이에 따라 독일은 모두 4개 점령통
치지역으로 분할되었다.

5) (역자) 이 기관은 1958년 말 서독 각 주의 사법행정부가 공동으로 루드
비히스부르크에 창설한 것으로, 나치범죄 관련자료들을 체계적으로 수
집·검토 및 평가하는 것이 주요 임무였다. 이러한 작업을 거친 자료들
은 나치범죄 관련 재판에서 해당 검찰측에 제공되어 주요 나치범죄자
의 기소를 뒷받침했다.

6) 통일 후 독일에서는 구동독 정부가 과거에 자행한 정치적 과오와 범죄
를 규명하는 조치가 실시되었고 동독국가안전부 문서가 공개됨에 따라
많은 충격적인 사실들이 밝혀졌다. 1990년대 중반에 이르러 독일 사회
일각에서는 이러한 상황이 내적 통일과 안정에 방해가 된다는 주장하
에 더이상 과거를 들추어내지 말자는 목소리가 대두되었다. 이러한 입
장을 지지하는 독일인들은 국가안전부 문서공개를 중지하고 정부가 자
행한 범죄에 가담한 자들에 대해서도 사법처리 기준을 완화하고 사면
을 베풀이야 한다고 주장했다.

다. "통사당 독재의 역사와 유산 조명"을 위한 조사위원회 (Enquete-Kommission "Aufarbeitung von Geschichte und Folgen der SED-Diktatur")[7]*를 결성하기로 한 1992년 독일 연방의회의 결정과 동독 인민회의(Volkskammer)가 통과시킨 국가안전부 문서처리법 결의안[8]*은 그 자체만으로도 동독 연구와 사회적 토론에 큰 영향을 미치는 동인으로 작용했다.

비록 시간이 지나면서 점차 그 추세가 약화되긴 했지만, 당시 학계와 독일 사회에서는 구동독에 대한 관심이 무척 컸다. 독일 연방의회 조사위원회는 현재 진행되고 있는 동독사 관련 프로젝트 현황을 전체적으로 파악하라는 임무를 부여받았다. 조사결과에 따르면 조사시행 당시 총 759개 프로젝트가 진행중이었다.[20] 아마도 그 사이에 프로젝트 수는 훨씬 더 늘어났을 것이다. 동독이 서독의 노르트라인 베스트팔렌 주의 인구수와 같은 주민을 가진 크기의 국가라는 것을 생각하면, 프로젝트의 수는 상당히 많은 편이었다.

이 프로젝트들을 명확하게 분류하긴 어렵지만, 그 중심주제만

---

7) (역자) 이하에서는 주로 독일 연방의회 조사위원회(Enquete-Kommission)라는 약칭으로 많이 언급된다.

8) (역자) 국가안전부 문서처리법은 방대한 양의 국가안전부 문서의 수집, 처리 및 대중의 문서열람에 관한 모든 규정을 담고 있는 법으로 1991년 12월 독일 연방의회에 의해 가결되었다. 그러나 이 법은 통일 직전인 1990년 8월 24일 이미 동독 인민회의에 의해 통과된 「국가안전부 문서처리법안」에서 비롯되었다. 당시 인민회의 의원들은 동독사를 정치적·사법적·역사적 측면에서 비판적으로 조명하기 위해 국가안전부 문서를 공개한다는 내용을 근간으로 하는 이 법안을 거의 만장일치로 통과시켰다.

큼은 확실하게 파악할 수 있다. 예컨대 123개 프로젝트가 문화사적·문화정책적 문제를 다루고 있고, 68개 프로젝트 주제는 사회사, 생활사 관련 문제들이다. 한편 동독 정권의 교회정책과 종교공동체의 역할을 집중적으로 다루는 프로젝트도 51개에 달한다. 그런가 하면 53개 프로젝트는 동독 정권의 탄압과 체제에 대한 저항문제를 다루고 있고, 50개 프로젝트는 정치사 일반에 관한 문제들을 연구대상으로 삼고 있다. (제1차) 연방의회 조사위원회는 3년의 활동기간 동안 많은 동독인들을 불러 그들의 경험을 청취하는 모임을 가졌고, 동독사의 거의 모든 영역에 대한 전문가들의 보고서를 확보했다. 이 보고서들은 그 사이 책으로 출판되었다.[21] 나치 역사를 조명하는 작업에서 이에 견줄 수 있을 만큼 획기적인 정치적 사건이 과거 서독에서는 없었다. 그러므로 공개적으로 표명된 여론을 통해 볼 때 과거를 은폐하려 한다거나, (랄프 지오르다노 Ralph Giordano가 지적한) "두번째 과오"[9]*[22]에 상응하는 일이 일어날 것이라는 우려는 전혀 근거가 없다.

그러나 다른 측면에서는 이에 해당하는 현상이 발견되기도 한다. 구동독인들의 심리 상황을 살펴보면 쉽사리 만연된 불신, 변명적 논조, 동독에 대한 자기기만적 회상, '구동독에 대한 향수(Ostalgie)'[10]*를 발견하게 된다. 여론조사를 통해 나타난 이들의

---

9) (역자) 지오르다노가 지적한 "두번째 과오"란 나치 정권이 자행한 범죄에 이어 독일인들이 전후 나치 과거청산을 철저히 하지 않음으로써 또다시 과오를 범했다는 것을 의미한다.
10) (역자) 서독체제로 급속히 통일됨에 따라 동독인들은 문화적 충격과 총체적 삶의 변화 그리고 대량실업을 비롯한 경제적 어려움에 직면하

전체적인 입장은 형식적 측면에서 1945년 이후 시기와 놀라울 정도로 유사하다.[23] 독일 연방의회 조사위원회가 보수적 성향의 연구자들뿐 아니라 좌파에 해당하는 동독 민권운동가들이 주장한 전체주의적 독재[24]의 개념을 분명하게 재수용한 것은 동독인들에게 이해와 동의보다 배타심과 거부감을 확산시켰다. 내적 통일은 한층 더 요원해진 대신에 동·서독의 갈등이 사회적 현실이 되고, 동·서독인들 사이에 정신적 불화가 점점 더 가시화되는 과정 속에서 과거를 둘러싼 논쟁적 대립이 한층 심화되었다. 가장 최근 현대사에 속하는 동독사 연구는 1945년 직후와 비교할 때 정치적, 정당정치적 논쟁에 더욱 깊이 관련되었다. 이는 특히 동독 관련 사료를 자유롭게 이용할 수 있는 상황이 안고 있는 문제로, 신중하고 균형잡힌 역사적 분석 대신에 정치적 동기에서 비롯된 성급한 결론들이 봇물을 이루었다.

이런 상황에서 '독일 역사가연맹(Verband der Historiker Deutschlands)'은 1994년 9월 라이프치히에서 열린 역사학대회에서 채택한 공동선언에서 학문적 역사연구가 명심해야 할 원칙을 강력하게 상기시켰다. 요컨대 사료의 진술력에 한계가 있고, 동시대인의 진술과 행위를 맥락 속에서 파악해야 하며, 연구되는 사건과 연구시점 사이에는 역사적 차이가 있으며, 해석하는 자의 주관적 입장에 따른 제약성 역시 고려해야 한다는 것이었다.[25]

게 되었다. 이 과정에서 상대적 박탈감과 실망감을 느낀 구동독인들은 동독시절을 긍정적으로 회상하기 시작했고, 동독에 대한 강한 향수도 갖게 되었다. 이런 맥락에서 볼 때 구동독에 대한 향수는 '반발적 정체성'의 성격을 갖고 있기도 하다.

비판적 자기성찰의 움직임은 ― 물론 너무 늦기는 했지만 ―
동독의 대표적인 역사가들이 먼저 시작했다. 이들은 동독 독재
정권 해체기에 거세어지던 비난을 완화시키고, 존립 위기에 직
면한 동독 역사학을 구하기 위해 역사학의 방향을 새롭게 정립
할 것을 조심스럽게 요구했다.26) 그러나 국가사회주의체제가 급
속히 붕괴됨에 따라 이러한 시도는 더이상 진척될 수 없었다.

한편 동독 시절 학술활동에서 신뢰성에 타격을 입지 않은 젊
고 체제비판적인 동독의 역사가들을 중심으로 더욱 신속하고 강
도 높게 반대전선이 형성되었다. 이들은 1990년 1월 10일, 즉 독
일통일이 아직 가시화되지 않은 시점에 작성된 '독립역사가연맹
(Unabhängiger Historikerverband : UHV)' 창립발기문에서 동독의 주류
역사학을 다음과 같이 신랄하게 비판했다.

> 역사학계의 상황은 끔찍하다. 거짓과 반쪽자리 진실로 만든 도저
> 히 먹을 수 없는 죽으로 수십 년 동안 모든 자유로운 정신적 움직임
> 을 질식시켰다. 억지스러운 횡설수설과 진부한 상투어들이 '유일한
> 학문적 세계관'으로 주장되기도 했다. 또한 사이비 학자들이 맑스주
> 의적 전지(全知)의 판사석을 장악하고 어리석은 오만함으로 근대 사
> 상사의 전 시기들을 비방했다.…… 편협함과 더불어 종종 가소롭기
> 까지 한 사회과학에 대한 전문지식의 결여가 치명적인 병처럼 퍼져
> 있었다. 그러나 가장 비극적인 운명에 처하게 된 것은 바로 역사학이
> 었다.27)

이러한 비판은 기본적으로 정당하지만, 동독 역사학 전체에
해당되는 것은 결코 아니다.

통일 후 전개된 '선행' 동독 연구 경향에 대한 논쟁 역시 격앙된 어조를 띠고 있었다. 특히 옌스 하커(Jens Hacker)는 1992년에 『독일의 과오. 통사당 독재의 미화자와 공범자』라는 저서를 통해 과거의 동독 연구 경향을 신랄하게 공격했다.[28] 특히 페터 크리스티안 루츠(Peter Christian Ludz)가 대변하는 체제내재론적 해석(systemimmanente Interpretation)[11]*과 전체주의론을 경시하거나 거부하는 경향에 초점이 맞추어진 하커의 비판은 서독에서 수행된 동독 연구에 대한 편협하면서도 비역사적인 평가로 이어졌다. 그밖에도 그는 서독의 동독 연구가 민족주의적 신조를 결여하고 있다고 비난했다. 루츠를 비롯한 일련의 학자들은 '비판적 합리주의'의 대변자들로서 체제내재론적 관점을 지향했지만, 그렇다고 이들이 가치판단을 포기한 것은 결코 아니었다. 1989년 이후 루츠에게 가해진 비판의 내용은 종종 그가 표명한 중립성이 이러한 비판적 합리주의의 전제라 할 수 있는 경험적 서술과 가치

---

11) (역자) 이 해석의 핵심은 한 체제에 대한 설명은 그 체제 자체에 대한 분석을 통해 이루어져야 한다는 것이다. 이에 따라 전체주의론처럼 동·서독을 전체주의 독재와 민주주의라는 공식으로 비교하기보다 동독을 하나의 고유한 범주로 설정하고 연구할 것을 강조했다. 특히 공산주의체제의 변화 가능성과 실상에 주목했던 이 해석은 전체주의론이 정체적 성격을 띠고 있고, 서구사회 모델 지향적 접근을 시도한다는 점에서 공산주의체제의 변화를 올바로 파악할 수 없다고 비판했다. 이 때문에 통일 후 전체주의론이 부활되면서 루츠를 비롯한 이 해석의 대변자와 추종자들은 동독의 독재적, 전체주의적 기본성격을 경시했다는 비난을 받았다. 또한 동독을 하나의 고유한 체제로 이해하고자 했던 이들에게는 통일 후 두 독일국가 체제를 명확하게 인정하고 국가적 통일을 포기했다는 비난도 쏟아졌다. 루츠가 대변한 이 입장은 긴장완화정책이 시행된 사민 연정시기에 강한 영향력을 행사했다.

판단의 분리를 실천에 옮기지 못했다는 것이었다. 이 때문에 반공주의가 학문적 질적 수준을 보여주지 못하듯이, 루츠가 전체주의론을 포기한 것도 사회과학적 인식으로 평가받지 못했다.[29] "변화하는 통사당 엘리트"에 대한 루츠의 광범위한 연구의 장점은 통사당 지배기구 내에서 나타나는 변화에 대해 탄탄하면서도 경험적으로 충실하게 뒷받침된 분석을 시행했다는 것이다.[30] 루츠의 연구가 잘못된, 요컨대 너무 낙관적인 결론을 이끌어냈다[12]*고 해서 그의 연구내용이 완전히 무가치한 것은 아니다. 전체주의론이 쇠퇴하고 근대화론으로 연구추세가 바뀌면서 이제 동독이 산업사회로서 처하게 된 문제상황이 부각되었다. 반면에 정치적 지배의 특성은 연구대상에서 제외된 것은 아니지만 이전과는 분명 다른 의미가 부여되었다.

체제내재론적 관점의 동독 연구 창시자들뿐 아니라, 이 연구경향을 계승한 다수의 연구자들과 일련의 역사가들 역시 하커의

---

12) (역자) 루츠는 동독이 1960년대 이후 근대화에 박차를 가하면서 직업적 혁명가라는 볼셰비키적 모델을 지향했던 구 정치지도세력 대신에 점차 젊고 전문능력을 갖춘 기술관료들이 등장했음을 강조했다. 이를 바탕으로 루츠는 동독의 전체주의적 지배양식도 '협의적 권위주의(konsultativer Autoritarismus)'로 변화할 것이고, 동독 정권의 권력유지 수단이었던 테러도 제도화된 객관적 의사결정방식으로 대체될 것이라고 전망했다. 물론 당시 동독에서는 스탈린시대에 흔히 볼 수 있었던 직접적 테러도 지양되었고, 루츠가 지적한 기술관료들도 등장했다. 그러나 이러한 변화는 그가 예상한 대로 동독의 비민주적 지배양식을 바꾸지는 못했다. 동독 붕괴 직전까지도 모든 정치적 결정은 호네커를 비롯한 소수 고령의 정치국 임원들이 내렸고, 또 국가안전부를 통해 광범위한 사회적 감시와 간접적 억압이 행사되었음을 고려할 때 루츠의 전망은 너무 낙관적이었다고 볼 수 있다.

중심 비판대상이었다. 이 다양한 집단에서 대표적인 인물들만 언급하자면 하르트무트 침머만(Hartmut Zimmermann), 게르트-요아킴 글래스너(Gert-Joachim Glaeßner), 뤼디거 토마스(Rüdiger Thomas), 위르겐 코카(Jürgen Kocka), 한스-울리히 벨러(Hans-Ulrich Wehler), 한스 몸젠(Hans Mommsen), 롤프 슈타이닝어(Rolf Steininger)와 카알 디트리히 브라허(Karl Dietrich Bracher), 쿠르트 존트하이머(Kurt Sontheimer), 미하엘 슈튀르머(Michael Stürmer)이다. 이들에게 공통된 원죄는 하나의 독일 민족국가 건설에 대해 회의적이었고, 두 독일국가의 존재를 다소 분명하게 인정했다는 것이다. 하커는 정치학자, 언론인, 역사가, 문인, 나아가 정치가들의 '잘못'까지 꼼꼼하게 열거했다. 그런데 바로 이 조합이 흥미롭다. 왜냐하면 이것은 소위 학계의 과오가 정치가들의 과오와 근본적으로 분리될 수 없다는 것을 의미하기 때문이다. 그러나 민족문제를 둘러싸고 과거에 전개된 논쟁들의 정당성을 시간이 한참 흐른 뒤에 문제삼고, 위에서 열거한 저자들을 암암리에 "통사당 독재의 미화자 혹은 공범자"로 낙인찍는 것은 상당히 비역사적인 평가라고 생각한다. 하커는 왜 1960년대 말 사민당과 자민당의 연정이 ― 선행된 사회적 논의를 따라 ― 후일 기민당-자민당 정부에 의해서도 거의 그대로 지속된 '신독일 정책(neue Deutschlandpolitik)'13)* 을 펼치게 되었는지에 대해서는 언급하고 있지 않다..

이에 비해 정치학자 하르트무트 예켈(Hartmut Jäckel)이 1990년에 자신의 입장을 잘 보여주는 논문 「우리의 그릇된 동독관」에

---

13) (역자) 여기서 독일 정책이란 통일정책을 의미한다.

서 행한 비판은 훨씬 더 세부적이다.[31] 이 논문에서 예켈은 다음과 같은 질문을 제기했다.

　동독 사회 내부에서 이렇다할 소요사태가 없었고, 동독인들이 별 문제없이 사적 안식처의 구석 및 틈새공간에 안주할 수 있었다[14]*고 해서 과연 우리가 동독이 자체적으로 국민들이 충분히 충성심을 갖고 만족하는 정상적 국가로 발전해가고 있다고 추론해도 되었던 가? 아니면 그러지 말아야 했던가?[32]

　예켈은 이처럼 현실을 간과하게 된 원인, 즉 "후진적 동독 정권의 보잘것없는 업적에 대해 경이를 표하거나, 이미 오래 전에 생명력을 잃은 이데올로기의 공허한 약속을 긍정적으로 평가하고자 했던 다소 의아한 의욕"의 원인을 분석했다.[33] 예켈 역시 대표적 동독 연구자들이 대변한 '체제내재론적 방법론'을 주요 원인의 하나로 보았다. 요컨대 이 방법론은 대체적으로 주장과 현실 사이의 차이를 구분하지 않았다는 것이다.

---

14) (역자) 과도하게 정치화된 사회였던 동독에서 흔히 목격된 현상 중 하나는 동독시민들이 이러한 정치적 영향력이 미치기 어려운 사적 공간에 몰두했다는 것이다. 지배의 정당성을 확보하기 위해 끊임없이 대중을 동원해야 하는 독재의 특성상 이는 통사당 정권의 정치목적에 위배되는 일이었다. 그럼에도 불구하고 동독 후기로 갈수록 동독 정권은 이를 묵인했다. 왜냐하면 문호개방 이후 동독 정권은 달라진 국제적 위상 때문에 이러한 현상을 막기 위해 직접적인 억압을 행사하기 어려웠다. 또한 동·서독 교류의 확대와 더불어 동독시민의 서독에 대한 동경과 동독 체제에 대한 불만이 커짐에 따라 동독시민들에게 어느 정도 사적 자유공간을 허용함으로써 이들의 불만을 해소하고자 했던 것이다.

많은 사람들은 평화적으로 강요된 붕괴15)*에 이르기까지 동독이 스탈린주의적 성격을 띠고 있었다는 사실을 보려 들지 않았다. 그보다는 더 정중하게 '관료주의적' 사회주의라고 부르기를 선호했다.34)

예켈은 이러한 잘못의 원인은 무엇보다 겉으로 드러나지 않는 동독인들의 체제에 대한 실제 입장을 알기 어려웠고, 대서독 국경봉쇄 시설, 일상적 암울함, 시민적 자유의 결핍과 같은 극복되기 어려운 동독의 현실에 무디어졌다는 점, 그리고 데탕트 신화와 더불어 변화된 국제적 상황 속에서 냉전의 구렁텅이를 벗어나고자 했던 갈망에 있다고 보았다.

예켈의 비판은 기본적으로 동독사의 마지막 시기와 동독에 대한 정치학적·저널리즘적 서술에 타당하다. 그의 비판은 근본적인 약점들을 제대로 짚었으며, 이런 결점을 설명하려는 노력을 보여준다. 그럼에도 불구하고 나는 그가 비판한 연구시각과는 대조적으로 동독 사회주의를 전체적으로 '스탈린주의적'이라고 보는 그의 해석의 타당성에 대해서는 회의적이다. 왜냐하면 동독사는 다양한 발전단계에 따라 구분해서 보아야 하는데, 그의 접근방식으로는 이러한 작업이 불가능하기 때문이다.

서독의 일부 동독사 서술이 안고 있는 내용적·방법론적 결함에 대한 대략적인 검토를 통해 다음 네 가지 사항을 확인할 수 있다.

---

15) (역자) 이는 동독 붕괴가 1989년에 전개된 동독시민들의 평화적 민주화 시위에서 비롯되었다는 것을 의미한다.

1. 선행 동독 연구의 눈에 띄는 결점 중 하나는 동독 사회의 군사화와 국가안전부를 기반으로 한 감시국가적 성격의 확대 정도를 너무 과소평가했다는 것이다. 사실 이에 대해서는 어느 누구도 오늘날 우리가 알게 된 것에 근접하는 평가를 내리지 못했다. 그럼에도 불구하고 동독 정권의 억압과 정치적 탄압에 대해서는 — 예컨대 카알 빌헬름 프리케(Karl Wilhelm Fricke)[35]의 연구성과들이 보여주듯이 — 이 문제에 대한 강조점을 변화시키고 더 비판적으로 만들 수 있을 정도의 연구성과는 축적되어 있는 상황이다. 앞으로 동독사에 대한 개설서를 서술할 때 아마도 이 분야에 대한 보완이 가장 시급할 것이다.

2. 경제적 파국의 징조 역시 완전히 과소평가되었다. 동독경제는 동유럽 사회주의 국가들보다 수준도 높고 상대적으로 안정적으로 보였다. 동독은 도처에 채무를 지고 있었지만, 정확한 액수는 알려지지 않았다. 환경 범죄들도 개별적으로 포착되었지만 전체적 실상이 파악되지 못했다. 그렇게 해서 동독은 10대 발전적 산업국가의 대열에 들게 되었다.[36]

3. 소련 점령지역(SBZ)[16]*과 동독에 대한 서독 역사서술의 성격은 기본적으로 정치 · 경제체제의 혁명적 변혁에 치중했고, 동독의 사회변혁 주장을 낯선 수입품, 즉 '소련화'로 인식했다는 것이다. 그에 비해 동독에서 많이 나타나는 전통적 특징과 '소련

---

16) (역자) 동독 지역은 종전 이래 1949년 동독이 독일민주공화국(DDR)이라는 정식 명칭으로 건국될 때까지 소련 점령통치하에 놓여있었고, 이에 따라 소련 점령지역으로 불리었다.

화'에 대한 동독 사회의 저항에 대한 관심은 뒷전으로 밀려났다. 이에 따라 관료주의 국가의 행동유형 및 전통지향성의 지속성을 다루는 사회사적 문제들이 오늘날 흥미를 끄는, 그러면서도 아직 별로 연구되지 않은 동독사 연구주제에 해당된다.37) 최근에야 주목을 받은 세대차 문제 역시 이에 속한다. 이 문제는 무엇보다 루츠 니이트함머(Lutz Niethammer) 연구팀이 1987년 생활사적 관점에서 행한 인터뷰를 통해 살펴볼 수 있다.38) 1989년에 "우리는 동독을 떠나겠다"고 외친 동독인들뿐 아니라, 이에 반발하며 "우리는 여기에 남을 것이다"라고 외치고 근본적 개혁을 요구한 동독인들 역시 대부분 젊은 세대에 속하는 동독인일 것이다.

4. 끝으로 민족이 동독인들에게 정치적 영향력을 가질 수 있는 범주라는 점이 서독에서는 전체적으로 지나치게 과소평가되었다. 물론 그 영향력은 전통적 애국심이나 민족주의라기보다 민족적인 것이 개개인에게 갖는 직접적인 사회적 의미17)*에 기초하고 있다. "하나의 조국 독일!"이라는 명제는 하르트무트 츠바(Hartmut Zwahr)가 지적했듯이, 동독의 자기파괴가 상당히 진행된 상황에서 제시된 유일한 구체적인 비전이었다.39) 이런 맥락에서 보면, 민족통일을 선택한다는 것은 무엇보다 사회주의 실험을 계속하는 데 반대하는 것이었다. 이는 1989년 대변혁을 촉발시킨 사람들에게는 해당되지 않지만, 11월과 12월 시위에 참여했

---

17) (역자) 이 말은 동독인들이 통일이 자신들의 개인적 삶의 여건을 개선시킬 것이라고 기대했다는 것을 의미하는 것으로, 민족적인 것이 동독인들에게는 단지 추상적 관념의 문제가 아니었음을 뜻한다.

던 동독인들과 1990년 선거의 유권자들 대다수가 의도했던 바였다.[18]*

동독의 역사와 역사서술에 대한 논쟁은 동독과 서독 양편으로 나뉘어 전개되지는 않았고, 현재도 그러하다. 그렇지만 독일에서는 논쟁의 초점이 두드러지게 동독에 고정되었다. 1989년 가을에 전개된 정치적 혁명의 근본적 동인을 제공했던 동·중부유럽 국가들은 단지 부수적으로 다루어지고, 오히려 비독일인 저자들에게 관심의 대상이 되었다.[40]

현대사의 도덕적 범주와 기준에 대한 논쟁은 최소한 처음에는 탈사회주의적 전환 중에 있는 여타 동유럽 사회에서는 그리 격렬하거나 논쟁적으로 전개되지 않은 독일적 특수성을 함축하는 논의로 보인다. 이렇게 된 배경에는 첫째, 나치국가 붕괴 후에 시행된 '첫번째 과거청산'이 철저하지 못했고 둘째, 독일의 경우 단지 동독만의 체제전환에 해당되고, 그 과정이 외부 즉 서독에 의해 상당히 조종되었다는 사실이 자리잡고 있다. 이에 비해 비독일인 연구자들은 과거에 대한 신중한 접근을 더 강조했고, "전

---

18) (역자) 1989년 동독의 정치적 변혁을 주도하고 이에 적극 참여했던 동독인들의 초기 이슈는 동독의 민주화였다. 즉 그들이 원한 것은 어디까지나 동독 체제를 근본적으로 민주적으로 개혁하는 것이었지, 민족통일이 아니었다. 그러나 통사당 정권이 붕괴한 정치적 공백기에 베를린 장벽이 열리면서 1989년 11월 이후 시위 참여자들은 민족통일을 적극적으로 요구하기 시작했다. 무엇보다 시위구호가 "우리가 바로 국민이다"에서 "우리는 한 민족이다"로 바뀐 것이 이러한 상황을 단적으로 보여준다.

염성 국가(Ansteckungsstaat)"19)＊로서 동독체제에 정면으로 저항하지 않은 모든 동독인들을 각종 타협으로 몰아넣었던 독재하에서의 삶의 억압적 측면을 상기시켰다.41)

이러한 정치적·도덕적 입장들은 현대사를 연구하는 신·구 연구기관들의 방향성에서 나타났다. 무엇보다 "누가 동독사를 연구해야 하는가"라는 질문과 이로부터 도출되는 인적, 방법론적 결론들이 독일 현대사의 연구방향을 우선적으로 결정했다. 하이코 펠트너(Heiko Feldner)가 1996년에 지적했듯이,42) 그 과정에서 세분된 해석과 척도를 제시하려는 노력은 동독과 서독 지역에서 공통적으로 곧바로 국가와 밀착관계에 있거나 민족을 거부하는 것으로 의심받았다. 1990년 이후 특히 역사학에서 나타난 학문적 경쟁 상황은 흔히 앞다투어 과거사를 은폐하려는 경향과 과거사에 대한 책임을 물으려는 경향으로 나타났다.

---

19) (역자) 찰스 마이어(Charles S. Maier)가 정의한 "전염성 국가"는 독재를 유지함에 있어 대중의 동참을 강조하는 개념으로 동독인들이 정치적으로 동독 정권에 의해 규정된 것에 전염되어 각종 타협에 응하게 되었다는 것을 상징적으로 의미한다.

3. 동독 및 현대사 연구기관

동독에 대한 서독의 사회과학적 연구는 현대사 연구와 정치적 자문 사이에서 대표적인 관찰자로 확고히 자리하고 있었기 때문에 1989/90년의 정치적 대변혁으로 야기된 소용돌이에 휘말릴 수밖에 없었다.[43] 그 여파는 동독 연구에 대한 서독의 자화상뿐 아니라 연구기관들에게까지 미쳤다.[44] 우리에게 낯익은 연구기관들은 동독이 붕괴된 후에도 별로 타격을 받지 않고 존속했다. 동독 전문 연구지인 『독일 아카이브(Deutschland Archiv)』는 여전히 (지금은 격월간으로) 출간되고 있다. 독일연구회(Gesellschaft für Deutschlandforschung)도 건재하다. 과거에 매년 한 차례 개최된 '동독 연구자의 날'도 오트첸하우젠(Otzenhausen)의 '유럽아카데미(Europäische Akademie)'를 통해 다소 변화된 형식으로 지속되고 있다.[45] 그러나 에어랑엔의 '사회·학문연구소(Institut für Gesellschaft und Wissenschaft)'나 본의 '전독일연구소(Gesamtdeutsches Institut)'같이 수십 년 된 권위있는 교육·연구기관들이 해체되기도 했다.

그뿐 아니라 서독의 대학들, 특히 베를린과 만하임 대학에 자리잡고 있던 연구기관들도 존립의 위기에 직면하게 되었다.[46] 그런가 하면 일련의 새로운 연구기관들이 설립되기도 했다. 이는 현대사의 연구영역을 더욱 다채롭게 해주었지만, 다른 한편으로는 전체적 조망을 어렵게 만들기도 했다.

가장 오래된 현대사 연구기관이자 권위있는 뮌헨의 '현대사연구소(Institut für Zeitgeschichte : IFZ)'는 본래 나치즘 연구를 목적으로 설립되었지만, 점차 서독과 서유럽의 전후사를 중점적으로 연구영역에 포함시켰다. 이 연구소는 1993년 이래 지부를 운영하고 있다. 이 지부는 원래 포츠담에 있었지만 지금은 베를린에서 연구활동을 전개하고 있다. 소련 점령지역과 동독 연구를 통해 20세기 독일 현대사의 제 시기 및 정치·사회적 형성과정을 재구성하고, 사회적·정신적 연속성과 불연속성을 연구한다는 현대사연구소의 기본목표 실현에 기여하는 것이 이 지부의 과제이다.[47] 이곳에서 진행되고 있는 다섯 개의 연구계획은 지금까지 전적으로 소련 점령지역/동독 초기에 집중되어 있으며, 대부분 정치사적 문제제기에서 벗어나지 못하고 있다.

중점 연구분야는 명백히 소련의 대독일정책으로 현재 이와 관련하여 두 개의 연구프로젝트가 진행되고 있다. 하나는 '공동정부(Nebenregierung)이자 상위 정부'였던 소련군사행정부(SMAD)가 공산당(KPD)/통사당[20]*과 소련 점령지역의 지배체제에 미친 영향을 연구한다. 다른 하나는 '소련관리위원회(Sowjetische Kontrollkommission)'가 1949년에서 1953/54년 사이 동독에서 시행한 농업정책의 성격과 결과에 관한 것이다. 한편 또 다른 두 개의 연

---

20) (역자) 1946년 4월 소련의 지원을 등에 업은 공산당은 사민당(SPD)에 압력을 가하여 양당을 통합했다. 이를 통해 창설된 것이 통사당이다. 소련 점령지역에서 기대했던 만큼 정치적 지지를 확보하지 못한 공산당은 권력장악을 위해서는 최대 경쟁자인 사민당과의 공개경쟁을 피해야 한다고 보았고, 그래서 양당 통합을 추진했다. 즉 공산당은 사민당과 통합하여 신당을 창설한 후 지휘권을 장악함으로써 사민당 세력을 통제하고 그 정치적 기반을 넘겨받는 것을 목표로 삼았다. 실제로 공산당 세력은 창당 후 곧바로 통사당 내에서 헤게모니를 장악했다.

구는 나치시대에 대한 뮌헨 현대사연구소의 전문 연구업적들에 이어 사회주의적 법률·사법제도의 형성과정을 밝히고, 자유독 일청년단(FDJ)21)*과 히틀러 청년단(HJ)을 비교분석하는 데 주력 하고 있다. 만약 이 프로젝트들이 흔히 독재 연구에 요구되는 비 교사적 시각을 단순병렬적 나열을 넘어 유익한 방법론으로 만들 수 있다면, 1989년 이후 현저한 부활을 경험한 전체주의 패러다 임의 적용범위에 대한 새로운 해석을 기대할 수 있을 것이다. 끝 으로 소개할 또 하나의 프로젝트는 1945년에서 1952년 사이 동 독 난민(Flüchtling)22)*이 서독 사회에 통합되는 문제를 다루는 것 으로 정치사적·사회사적 관점을 지향하고 있다.

'현대사연구센터(Zentrum für Zeithistorische Forschung : ZZF)'의 개 원으로 포츠담에 새로운 연구기관이 설립되었다. 이 연구소는 동베를린의 학술원(Akademie der Wissenschaften)이 해체되면서 여섯 개의 다른 인문과학연구센터들과 함께 탄생했고, 1995년 말까지 4년 동안 '현대사 중점 연구소(Forschungsschwerpunkt Zeithistorische Studien : FSP)'라는 이름하에 막스 플랑크 재단 산하에 자리잡았 다.48) 원래는 학술원 내의 '동독사 중앙연구소(Zentralinstitut für Geschichte der DDR)'에서 시작되었지만 좋은 평가를 받아 통일 후

---

21) (역자) 동독의 대표적 청소년단체로 가입연령은 14세 이상이다.
22) (역자) 제2차 세계대전 종전 이래 동독 지역에 거주하던 독일인들 상 당수가 서독으로 넘어왔고, 분단이 고착된 시기에도 수백만에 달하는 동독인들이 갖은 방법을 동원하여 동독을 이탈했다. 이에 대해서는 최 승완, 「탈동독 행렬과 동독 사회주의의 붕괴」, 『역사비평』 2003년 가을, 249~276쪽 참조.

에도 계속 수행하게 된 프로젝트들을 위해 이 연구소는 현재 약
20명의 동·서독 출신 연구원과 총 4개의 대규모 연구주제군에
대한 연구를 수행하고 있는 객원연구원들을 보유하고 있다.[49]
객원연구원 수는 고정되어 있지 않다. 이 현대사연구소의 형성
과 발전과정 자체가 곧 1990년 이후 "통일로 야기된 위기"(위르
겐 코카) 시기 현대사의 한 부분을 반영한다. 처음부터 과거 동독
학술원에서 활동했던 300명이 넘는 연구자들 가운데 단지 소수,
즉 15명만이 학술진흥원(Wissenschaftsrat)의 한 위원회가 시행한 연
구계획 심사결과에 따라 이 연구소로 옮겨올 수 있었다. 대다수
는 베를린과 브란덴부르크주 대학들의 학자통합 프로그램으로
흡수되지 못할 경우 흔히 노동청으로 직업을 구하러 가든가, 조
기 은퇴해야 했다.

그러나 이러한 문제보다 당시 포츠담 중점연구소에 고용되어
연구를 계속할 수 있게된 동독 출신 역사가들이 문제가 되어 연
구소는 곧 사회적 논쟁대상이 되었다.[23]* 이 논쟁들은 전공적

---

23) (역자) 포츠담 중점연구소가 임용한 동독 출신 연구원들이 논란대상
이 된 것은 이들 가운데 과거 동독시절에 제도권 내에서 활동했던 경
력을 갖고 있는 자들이 있었기 때문이다. 예컨대 모니카 카이저(Monika
Kaiser)는 맑스-레닌주의 연구소 문서고에서 일했고, 올라프 그로엘러
(Olaf Groehler)는 학술원 내 통사당 서기직을 맡고 있었다. 한편 페터 휘
브너(Peter Hübner)는 동독 정권의 역사해석을 재생산하는 논문을 한편
쓰기도 했다. 그럼에도 불구하고 포츠담 중점연구소는 동독체제의 억
압적 성격을 고려하여 제도권 내에서 활동했다 하더라도 동독시절에
특별히 도덕적으로 비난받을 일을 행하지 않은 연구자에 한해서는 전
문능력에 따라 임용한다는 원칙하에 이들을 고용했다. 그러나 후에 그
로엘러가 동독 국가안전부에 협력한 비공식 정보원으로 밝혀졌을 때

관심뿐 아니라 비전공적 이해관계가 혼합된 채 전개되었다. 이는 곧 현대사 연구에서 학문과 정치가 얼마나 밀접하게 얽혀 있는가를 분명하게 보여준다. 서독의 전통적 보수세력뿐 아니라 동독 인권운동의 전통에 서있는 독립역사가연맹(UHV)도 위르겐 코카가 임시로 이끈 포츠담 중점연구소를 사민당의 영향하에 있으면서 구통사당 소속 간부들을 부양하는 데 기여하는 연구기관이라고 의심했다.24)* 또한 중점연구소를 완전히 개편할 것을 공개적으로 권고하기도 했다.50) 『프랑크푸르터 알게마이너 차이퉁(FAZ)』지는 아르민 미터(Armin Mitter)와 슈테판 볼레(Stefan Wolle)가 이런 입장에서 행한 캠페인에 힘을 실어주었고, 동시에 이러한 방식으로 독일 학계 일부에서 여전히 부정적으로 인식되고 있던

포츠담 중점연구소는 그를 즉각 해고함으로써 그 선을 분명히 그었다.
24) (역자) 빌리 브란트의 신동방정책 실시 이후 사민당은 동독 정권과의 관계를 냉각시키지 않는 것이 동·서독 관계개선에 도움이 된다고 보았다. 이 노선에 따라 사민당은 줄곧 동독 정권과 대화정책을 추구한 반면 불안요소가 될 수 있는 동독 내 체제비판세력과의 교류나 이들에 대한 지원은 자제했다. 이로 인해 통일 후 서독의 보수세력과 동독 민권운동가들은 사민당의 정책이 동독의 개혁세력을 무시하고 전적으로 동독정권과의 교류를 통한 현상유지를 목표로 삼음으로써 동독 정권유지에 기여했다고 신랄하게 비판했다.
이러한 상황에서 코카가 연구소를 이끌고 또 포츠담 중점연구소가 과거 동독시절 제도권 내에서 활동한 역사가들을 고용하자 이러한 비난이 야기된 것이다. 사실 코카는 사민당원이 아니었고, 종종 사민당 역사가위원회에서 발표와 강연을 했을 뿐이다. 그럼에도 불구하고 그의 비판자들은 그가 1980년대 사민당 역사가위원회와 통사당계열 역사가들 사이에 행해졌던 교류를 계속하려고 하며, 이들을 포츠담 연구소 연구원으로 임용하려 한다고 주장했다. 이는 현대사 연구와 정치적 연관관계를 잘 보여준다.

사회사를 공격했다. 포츠담연구소에 가해진 가장 신랄한 공격 역시 "빌레펠트의 길(Bielefelder Weg)"이라는 어처구니없는 제목을 달고 있었다.25)*51)

이러한 격렬한 논쟁들은 시간이 지남에 따라 대부분 과거가 되었다. 포츠담 현대사연구센터가 다루는 주제들은 정치사 및 사회사적 접근방식을 결합하고 있고, 겉으로 드러난 동독의 독재적 성격과 실제로 경험된 현실 사이의 기본적 긴장관계를 밝히는 데 목표를 두고 있다. 연구센터는 '비판적 역사화'를 통해 동독에 대한 옹호와 비난으로 양극화된 언론매체상의 논의를 중재하고자 한다. 또한 독재의 비교연구를 추진하고, 구조와 행동유형, 심성과 경험의 연속성과 변화를 좀더 정확하게 파악하기 위해 40년간의 동독사를 20세기 전체의 역사발전 과정에 통합하려는 노력을 기울이고 있다.

연구소의 개편작업이 끝난 현재, 다수의 연구자들이 참여하는 여러 프로젝트들이 진행되고 있다. 그 가운데 하나에서는 소련의 독일정책, 공산당/통사당의 스탈린주의화 과정과 동독의 초기 대외정책을 연구하고 있다.52) 이는 동독이 소련식 모델을 모방한 것이 소련의 영향력 때문인지, 아니면 통사당 고유의 이해관계에서 비롯된 것인지 양자간의 긴장관계를 설명하기 위한 것이다. 또 다른 프로젝트군은 1945년 이후의 엘리트 교체, 간부층

─────────────────

25) (역자) 빌레펠트 대학은 사회사의 중심지로 코카도 베를린 대학으로 옮기기 전까지 이곳 역사학부 교수로 재직했다. 공격대상인 코카와 사회사라는 두 가지 조건에 모두 빌레펠트가 부합하기 때문에 이러한 제목이 붙은 것으로 생각된다.

원 메커니즘과 동독에 형성된 '당 실무계급(Dienstklasse)'[53]의 정치·생활양식을 밝힌다는 목표 아래 동독 지배정권의 지도자집단과 지배기구에 대한 연구에 주력하고 있다.[54]

한편 다른 두 연구계획은 문화사와 경험사 이론이 제시하는 바를 연구분야에 한층 폭넓게 수용하고 있다. 그런가 하면 브란덴부르크 지역만을 연구하는 프로젝트는 "사회 전영역을 두루 지배(Durchherrschung)"하려는 국가가 시도한 미치지 못한 한계를 다루고 있으며, 일련의 미시사적 연구를 통해 독재적 지배가 어떻게 사회적으로 행사되는가를 설명하고, 이를 통해 "아래로부터" 전체사회사(Gesellschaftsgeschichte)를 정립하는 데 기여하고자 한다.[55]

또 다른 프로젝트군은 동독의 학문과 문학 그리고 대중매체 속에서 역사가 어떻게 다루어지는지에 대한 보충적 연구를 수행하고 있다. 이는 역사담론이 기능하는 메커니즘을 분석하여 독재정권이 어떻게 강요된 충성을 최소한 일시적·부분적으로나마 내적 확신으로 바꿀 수 있었는가에 대한 하나의 해답을 얻기 위한 것이다.[56]

이처럼 각각 달리 구상된 연구분야들은 궁극적으로는 통사당 정권이 오랫동안 안정적으로 유지되다가 갑작스럽게 붕괴된 원인을 밝히려는 공동의 시도로 귀결된다. 이러한 공동의 시도는 지그리트 모이쉬엘(Sigrid Meuschel)이 지적한 "안정과 혁명의 파라독스"[57]가 동독을 소련의 한 위성국가로 축소하거나, 전체주의적 지배의 주장과 경험적 현실 사이의 차이를 충분히 숙고하지 않는 독재이론의 관점에서 접근할 때 결코 설명될 수 없다는 가정에 근거하고 있다. 지금까지의 모든 조사결과는 통사당 정권이 어느 시기에도 사회적 분화가 진행되고 있는 동독 사회를 소위 국가화시키는 데 성공하지 못했음을 보여준다. 포츠담 현대사연구센터를 매개로 수행되는 학제적 연구프로젝트들은 변화를 보여주었던 통사당 지배의 특수한 성격과 더불어 "근대 독재"[26][*58]라는 개념에 더 접근하고자 한다. 이 개념은 40년간의 통사당 체제를 20세기 유럽의 다른 독재와 비교하는, 학문적으로 생산적인 관점을 적용할 수 있게 한다.

원래 프라이부르크에 있었던 '군사사 연구청(Militärgeschichtliches Forschungsamt : MGFA)'이 브란덴부르크주의 수도로 이전함에 따라 현대사 연구에서 포츠담이 갖는 의미가 강조되었다. 동독도 이 연구청의 연구분야에 속한다. 통일 후 국방부 직속인 이 연구청에 서독뿐 아니라 동독의 군사사를 연구하라는 과제가 부과되었다. 이에 따라 '동독의 초기 안보정책'이라는 새로운 프로젝트가 시작되었다. 이 프로젝트는 처음 몇 년간은 주로 동독 국가인민군(NVA), 전투인민경찰(Kasernierte Volkspolizei),[27][*] 동독 국가방위위원회(Nationaler Verteidigungsrat) 연구에 주력했지만 동독 무장기관 창설에 대한 여론의 반응도 조사했다.[59]

---

26) (역자) "근대 독재"는 이전 세기의 독재들 혹은 금세기의 군사독재들과 비교할 때 단순한 테러행사를 넘어 대중매체를 통한 선전, 효과적인 정치의식의 연출, 감시국가체제의 완벽화 등 근대적 지배수단을 이용하여 지배의 정통성을 인정받고자 했다는 점을 강조하는 개념이다.
27) (역자) 이는 1952년에 창설된 무장기관으로 동독 국가인민군의 전신이었다. 1956년 동독 국가인민군 창설과 함께 해체되었다.

드레스덴의 "한나 아렌트 전체주의연구소(Hannah-Arendt-Institut für Totalitarismusforschung : HAIT)"는 1993년에 개원한 이래 다른 방식의 전문적 연구전통 안에서 활동하고 있다. 이 연구소는 16명의 연구원을 정원으로 하며 드레스덴 공대와 밀접한 협력관계에 있다. 연구원들은 역사가, 정치학자, 사회학자 등 학제적으로 구성되어 있고, 1996년 이래 클라우스-디트마 헨케(Klaus-Dietmar Henke)가 연구소를 이끌고 있다. 이 연구소의 목표는 나치와 국가사회주의의 지배방식에 대한 비교연구이다. 지금까지 연구작업의 중점은 체제에 대한 저항과 정당 연구, 억압기구에 대한 분석 그리고 기술사에 관한 연구에 놓여있다.60) 앞으로는 나치시대 작센 지역에 대한 연구논문과 심성사적 문제제기를 통한 독재 연구가 중요한 역할을 할 것이다.61)

베를린에는 수많은 대학 부속·비대학 소속의 동독사 관련 연구부서들이 자리잡고 있다. 이는 무엇보다 베를린이 포츠담의 경우처럼 연구에 필요한 문서고에 근접해있기 때문이다. '구동독 정당 및 대중조직 문서고 재단(Stiftung Archiv der Parteien und Massenorganisationen der DDR : SAPMO)' 외에도 특히 국가안전부 문서를 예로 들 수 있다. [기관장의 이름을 따서 약식으로 가욱 관청(Gauck-Behörde)이라 불리는]28)* '구동독 국가안전부 문서처리 연방위원회(Bundesbeauftragte für die Unterlagen der Staatssicherheit der ehemaligen DDR)'는 '교육과 연구'라는 자체 부서를 설립했다. 이 부서

---

28) (역자) 그 사이 기관장이 비르틀러(M. Birthler)로 바뀌었기 때문에 현재는 비르틀러 관청이라 불린다.

는 1993년 이래 수많은 토론회를 개최하고 많은 출판물 시리즈를 발간하여 동독 국가안전부의 활동내용을 밝히고자 노력하고 있다.

국가안전부 문서처리법에 규정된 바에 의하면 이 부서의 임무는 국가안전부의 구조와 방법, 작업방식을 사회적으로 널리 알림으로써 국가안전부의 활동을 총체적으로 정리하는 것이다.[62] 구체적으로 이 부서가 하는 일은 우선 자신들의 작업주제와 관련해 대부분 인물 관련 문서의 열람을 신청한 저널리스트, 일반시민과 학자들을 도와주는 것이다. 폐기되지 않은 국가안전부 문서들은 이제 겨우 일부분만이 정리되었다. 이 때문에 접수된 열람신청건에 대해 신빙성있는 문서들을 제공하기까지는 대개 기관 내부의 고된 서류검토 작업이 진행된다. 그뿐 아니라 매문서마다 열람신청자에게 제공하기 전에 제3자 관련 정보 가운데서 보호되어야 할 내용이 있는지 검토해야 하고, 열람신청자에게는 일반적으로 익명 처리를 한 복사본만 제공한다.

가욱 관청의 연구부서는 그밖에도 수많은 출판물을 간행하여 국가안전부 체제를 평가하는 데 필요한 자료와 정보를 제공한다는 이 부서의 취지에 부응하고자 한다.[63] 이 부서가 장기적으로 세운 작업계획 가운데 특히 주목할 만한 것은 국가안전부의 역사와 내부구조, 작업방식을 총괄적으로 서술한 국가안전부 편람(MfS-Hanbuch) 편찬작업이다.[64]

1992년 베를린자유대학에 '통사당국가연구회(Foschungsverbund SED-Staat)'가 설립되었다. 이 연구회의 연구성과들은 통사당과 그 지배기구, 동·서독 관계 그리고 정치적 대변혁 이후 동독의 전환과정을 중점적으로 다루고 있다. 학제적으로 구성된 이 연구회는 스스로 과거 동독 연구의 주류와 단호하게 차별화했다. 이 연구회를 이끌고 있는 클라우스 슈뢰더(Klaus Schroeder)와 만프레트 빌케(Manfred Wilke)는 과거 동독사 연구의 주류는 사회사적 접근에 국한된 체제비교로서, 이를 통해서는 민주주의와 독재의 원칙적 차이가 충분히 드러날 수 없다고 비난했다.65) 이에 상응해 이들은 "전체주의론적 시각의 방법론적 장점"을 강력히 고집했고, 동독을 "무엇보다 사적 지배와 공적 지배가 거의 일치하고 국가의 통제로부터 자유로운 공간이 거의 있을 수 없는 정치적 사회"라고 정의했다.66)

이 연구회의 연구성과들은 열렬한 지지와 비판적 거부를 동시에 불러왔다.67) 지금까지 출판된 단행본과 사료집들은 제2차 세계대전 기간중 망명기에 작성된 공산당 강령, 통사당의 교회정책, 통사당의 대서독 관계(특히 서독 사민당과의 관계), 1968년 프라하의 봄 진압과 1980/81년 폴란드 반체제운동 탄압시 동독지도부가 행한 역할, 동독 체제비판세력과 통일 후 동독 지역에서 전개되고 있는 산업적 전환과정에 관한 것이다.68) 이 연구회가 지금까지 사회적으로 주목받은 것은 근본적으로 연구내용 때문이 아니라 ─ 몇몇 뛰어난 그리고 후속 연구에 기여할 만한 연구성과도 있지만 ─ 연구성과의 발표방식과 정치적 성격의 논쟁방식에 기인한다. 특히 슈뢰더와 슈타트(Staadt)는 청중들에게 자타가 공인하는 "사민당계열 역사가"들의 역할을 알리기 위해

"전투적 교원"으로서 무대에 등장했다.[69]

현대사와 정치의 밀접한 (그리고 거의 피할 수 없는) 연관관계를 고려할 때, 1989년 이전에 학계와 정치권이 취한 특정 입장에 대한 비판적 평가는 당연히 타당하고 정당하다. 그러나 이들이 보여준 논쟁방식과 비합리적 논증의 전형은 학문적 논쟁을 넘어 현재의 보수적 신조를 분명히 보여줌으로써 과거 좌파에 속했던 이들의 전력을 보상하려는 것으로 보인다. 또한 그 때문에 사민당원이나 혹은 사민당원에 대한 평판을 특히 더 열성적 관심을 갖고 지켜보게 된다.[70] 특히 이런 입장을 잘 보여주는 논문 「회피의 기술(Die Kunst des Aussitzens)」에서 이들이 서술한 폭로성 표현들을 발췌하여 여기에 다시 인용하는 것은 무의미한 일일 것이다. 1997년 베를린대학에서 위촉받아 작성된 이 연구회에 대한 평가서에서 구두로 행해지는 이러한 진흙탕 싸움이 단지 부수적으로 언급된[71] 것은 심히 유감스럽다.

그 사이 슈뢰더와 슈타트는 마틴 자브로와 필자가 자신들을 가리켜 "전투적 교원"이라 비판한 것을 도전으로 받아들이고, 이전의 인신공격적 논조를 고수함은 물론 결국 이 비난이 정당하다는 것을 재확인시키는 방식으로 이에 응수했다.[72] 이들은 공동으로 서술한 논문의 거의 1/3을 '국가안전부 비공식 정보원[29]* 한스(IM Hans)'(본명 쿠르트 핀커 Kurt Finker) 이야기에 할애

---

29) (역자) 국가안전부는 동독 사회를 빈틈없이 감시하기 위해 정식 요원 외에 각계각층의 동독인을 비공식 정보원으로 포섭하여 여타 동독인들을 감시하고 국가안전부에 정보를 제공하게 했다. 통일 후 국가안전부 문서가 공개되면서 믿었던 친구와 이웃이 감시자였던 경우, 심지어 남

함으로써 과거에 핀커를 나치 정권기 '부르주아 저항세력' 연구 전문가로 평가하여 서독으로 초청했던 서독 역사가들을 간접적으로 문제삼았다. 이들에 대한 공격은 그 유명한 "한번 남겨진 오점은 완전히 지워지지 않는다(semper aliquid haeret)"는 속담에 빗대어 행해졌다. 이런 수준에서 진지한 논쟁이란 무의미하다.

앞에서 언급한 '독립역사가연맹(UHV)'은 이 연구회와 다른 전통에서 나왔지만, 활동 초기에는 이에 못지 않게 논쟁적이었다. 연맹은 1991년에 작성된 두번째 정관에 따라 특히 동독사, 동독 사학사, 동독의 사회제도와 정치적 맥락을 밝히는 데 주력했다.[73] 연맹의 연구활동은 대부분 과거 동독 정권과 명백히 거리를 두었던 동독 출신의 젊은 역사가들로 이루어진 회원 구성과 밀접한 관련이 있다. 연맹은 발족 이래 연구에 필요한 문서고의 보존과 개방을 위해 애썼고, 특히 반통사당 독재 저항세력에 대한 연구의 필요성을 강조했으며,[74] 꾸준히 계속되고 있는 '동독 역사는 누구에게 속하는가?'라는 문제에 대한 논쟁을 주창했다.

그러나 이 연맹 안에는 다양한 목소리들이 있고, 격렬했던 논쟁도 이제 기본적으로 수그러들었다. 연맹 소속의 역사가들은 수많은 논문을 통해 40년간의 통사당 지배하에서 전개된 자기 전공 분야의 역사에 대한 역사서술적 성찰을 촉진시켰다. 그러나 그 과정에서 회색지대에 대해서는 별로 여지를 두지 않고, 동독 역사에 대한 역사적 평가가 종종 "창녀 아니면 여신"이라는

편이 자기 아내를 염탐하여 정보를 제공한 경우 등 비극적인 진상이 밝혀짐에 따라 독일인들을 충격의 도가니로 몰아넣었다.

양자택일의 문제로 축소된 것은 이 연맹이 선택한 해석의 전형과 사회적 논의의 양극화 현상에 상응했다.[75] 이 연맹의 창설자들은 중요하면서도 부분적으로는 핵심을 찌르는 테제들을 제시함으로써 토론을 활성화할 수 있는 연구성과와 사료들로 구성된 총서를 발행하고 있다.[76]

이런 의욕적인 연구작업에 대한 반대의 예는 민사당 주변에서 형성되었다. 민사당은 특히 통사당 국가 붕괴 이후에 해고된 많은 동독 출신의 사회과학 연구자들에게 울타리를 제공했는데, 그 산하에는 당 지도부 직속의 '역사위원회(Historische Kommission)' 외에 수많은 협회, 기관 및 정기토론회의 총체적 네트워크가 자리잡고 있다.[77] 이들이 제기한 역사적 문제는 적잖이 동독을 변호하는 성격을 띠고 있었고, '사회주의 실험' 실패에 책임이 있는 자들을 밝히려는 노력의 일환이었다.[78] 그럼에도 불구하고 이 위원회에서 기획한 출판물과 여러 행사들은 종종 유익한 정보와 토론의 단초를 제공하기도 한다.

형성과정, 재정상태 그리고 인적 구성을 통해 볼 때 동독의 민권운동계열에서 나온 수많은 소규모 연구단체들은(Aufarbeitungs-initiative) 단지 '제도화되었다'는 인상만 줄 뿐이다. 1997년 6월에 개최된 베를린-브란덴부르크주 개신교 아카데미 회의에서는 이들을 전체적으로 파악하고 앞으로 전망을 논의해보려는 시도가 행해졌다.[79] 점점 어려워지는 재정상태와 기본적으로 미흡한 전문성 때문에 이 소규모 문서고들과 연구팀들 가운데 대다수는 살아남기 어려운 상황이다. 그러므로 이들이 존속하기 위해서는 서로 밀접한 협력체계를 구축하거나 기존 연구기관들(예컨대 "역사의 전당" 라이프치히 지부)[80]에 소속되어 물질적 지원을 받아야 한다. 이들의 존재와 이들이 보여준 강한 연구의욕은 붕괴된 동독을 전체적으로 조망하는 과정에서 별로 긍정적으로 자리매김 되고 있지 않다. 앞날이 어찌되든간에 이들의 존재는 1989년 이후 현대사 연구상황을 개괄할 때 결코 빠져서는 안될 것이다.[30]*

개신교 교회는 동독에서 특별한 의미를 갖고 있었다. 특히 대학과 연구소에서 수행된 통사당 정권의 교회정책에 대한 수많은 연구들이 이를 반영한다. 무엇보다 게하르트 베지어(Gerhard Besier)의 연구성과로 인해 촉발된 개신교 교회의 동독 정권에 대한 거리두기와 밀착을 둘러싼 논쟁[81]은 무척이나 격렬했고, 특히 이 주제영역에 대한 관심을 증대시키는 역할을 했다. 베를린에는 동독 교회사 연구에 주력하는 두 개의 독립된 연구단체가 있는데, 이들이 강조하는 바는 각각 다르다. 이 분야의 전문가로 알려진 역사가 호르스트 댄(Horst Dähn)은 기본적으로 독일정부의

---

30) (역자) 이들의 중요성은 역자도 경험한 바 있다. 1980년대 체제비판세력을 다룬 역자의 박사학위논문은 이들의 도움이 없었다면 불가능했을 것이다. 연구를 시작한 당시 동독 체제비판세력에 대해 출판된 자료들은 거의 없는 상태였다. 그렇기 때문에 역자는 동독 민권운동가들이 운영하는 소규모 문서고들에서 이들이 과거 동독시절 체제비판적 정치활동 당시에 원시적인 인쇄기술로 비공식적으로 찍어낸 자체 소식지, 전단, 여러 선전 팸플릿, 활동일지 등을 지원받아 연구에 이용할 수 있었다. 그뿐 아니라 이들이 직접 작성한 회고록과 보고서 그리고 소장자료들을 모아 발간한 자료집들도 연구에 큰 도움이 되었다. 그러므로 클레스만 교수가 지적하듯이 동독 민권운동계열이 조직한 소규모 문서고들과 연구팀들의 역할은 더 강조되어야 할 것이다.

고용창출 프로그램에서 나오는 지원금과 다른 여타의 지원금을 토대로 '국가와 교회 비교연구소(Institut für vergleichende Staat-Kirche-Forschung)'를 개원했다. 이 연구소는 동독을 넘어 동유럽 국가들도 연구대상으로 삼고 있다. 연구소가 개최한 많은 토론회에서 발표된 이 주제영역에 대한 연구성과들은 그 사이에 연구소 총서로 출판되었다.[82]

한편 이미 1955년에 설립된 정교(政敎)투쟁위원회(Kirchenkampf-Kommission)를 전신으로 하는 '개신교 현대 교회사연구회(Evange-lische Arbeitsgemeinschaft für Kirchliche Zeitgeschichte)'는 최근 들어 동독 관련 주제들을 많이 다루고 있고, 자체 총서를 기획하여 많은 책들을 출판했다. 또한 이 연구회는 소식지를 통해 진행중인 프로젝트에 대한 정보를 제공하고, 엄청난 양의 출판물(특히 지역사에 관련된)을 소개하고 있다.[83]

베를린에 위치한 '현대 청소년연구소(Institut für Zeitgeschichtliche Jugendforschung)' 역시 특정 주제에 대한 연구를 목표로 하고 있다. 제도적 측면에서 별로 안정적이지 못한 이 연구소에 옛 라이프 치히 청소년연구소의 일부 분과들이 통합되었다. 이 연구소는 자유독일청년단(FDJ)에 대한 일련의 연구논문들을 제안 또는 출판했다.[84]

끝으로 1992년에 발족한 '통사당 독재의 역사와 유산 조명'을 위한 독일 연방의회 조사위원회에 대해 다시 언급하고자 한다. 이 위원회는 동독 역사를 규명하는 광범위한 자료들을 출판했다. 이를 통해 연방의회는 역사인식과 정치적 행위 사이에 가교를 놓고자 한 것이다. 비록 특히 활동 종반부에 독일의 정당들이 이 위원회를 정치적 도구로 삼으려고 하여 어려움을 겪은 것은 분명하지만, 전체적으로 수많은 공개청문회와 포럼 그리고 전문가들의 보고서를 통해 동독에 대한 우리의 인식을 상당히 넓혀 주었다.[85] 1995년 11월 독일 연방의회는 회기 동안에 활동하게 될 두번째 조사위원회, 즉 '독일 통일과정의 일환으로 통사당 독재의 극복'을 과제로 설정한 조사위원회를 구성했다. 이 위원회는 선행 위원회의 내용적 목표를 계승하되, 통일이 야기한 문제들에 더 초점을 맞추고 있다.[86] 현재 이 위원회는 앞으로 통사당 정권에 희생된 사람들에 대한 원조와 더불어 특정 연구를 지원하게 될 재단을 설립하기 위해 상당한 노력을 기울이고 있다.[87]

4. 연구분야, 논쟁, 연구의 결점

유럽에서 소수 세대만이 삶의 여정에서 경험한 세번째 커다란 시대적 변혁[88]인 공산주의체제의 종식이 현대사의 중점 연구주제와 해석을 얼마나 변화시킬 것인가는 아직 정확히 파악할 수 없다. 디트리히 가이어(Dietrich Geyer)의 다음과 같은 경고는 항상 명심해야 한다.

갑작스럽게 즉흥적으로 내려진 해석에 동의하는 것은 보편적으로 역사학계와는 거리가 멀다. 역사가로서 직업적 경험은 오히려 안개에 파묻히지 말고 유행을 좇아 전체적 의미를 부여하려는 충동에 맞서기를 권한다.[89]

"단기 20세기"[31]* 독재의 역사라는 더 큰 맥락 안으로 동독사를 통합해야 한다는 요구에도 불구하고, 지금까지 독일에서는 통사당 독재에만 연구가 두드러지게 집중되고 있다. 이는 과거 동독시민을 대상으로 한 여론조사뿐 아니라 동독 소재 문서고를 학문적으로 이용하고자 했던 역사가들의 요청에 냉담했던 체제

---

31) (역자) "단기 20세기"는 홉스봄(Eric Hobsbawm)이 제시한 개념이다. 그는 20세기를 1914년에서 1991년까지로 봄으로써 다른 세기에 비해 짧았던 세기로 파악했다. 홉스봄이 20세기 기점을 1914년으로 본 것은 제1차 세계대전이 발발한 이해가 19세기 문명이 붕괴하는 시발점이기 때문이다. 한편 1991년을 20세기의 끝으로 설정한 것은 소련이 붕괴됨으로써 20세기 역사를 규정지었던 자본주의와 사회주의의 대립이 종식되는 시점으로 파악했기 때문이다.

에 대해 과거에 못다한 연구를 충분한 사료를 토대로 만회해야 할 필요성을 감안하면 전혀 놀랄 일이 아니다. 그래서 지금은 "넘치는 자료를 토대로 한 세부적인 연구가 두각을 나타내고 있는 반면, 전체를 아우르는 문제제기나 개념 문제는 아직 뚜렷하게 등장하고 있지 못하다."[90] 바로 이 때문에 헤르만 베버는 독일 특유의 사료숭배 경향에 대해 다음과 같이 적절하게 경고했다.

연구자들은 사료를 맹신한 나머지 가장 자명한 것은 물론 심지어 자신들의 전공분야에서 통용되는 학문적 규준도 자주 간과하게 된다. 센세이셔널한 폭로들로 인해 새롭게 확보된 문서들을 토대로 이제야 비로소 사료비판적 연구를 제대로 수행할 수 있다는 사실을 잊어버리게 된다.

베버는 기록문서들로부터 놀랄만한 테제를 만들어내려는 열풍도 비판하고 있다.

그 과정에서 연구동향은 거의 파악되지 않는다. 이 때문에 '사료' 조사에 치중한 많은 연구물들은 이미 정설화된 연구결과들에 비해 질적으로 수준이 떨어진다.[91]

동독사는 머지 않아 현대사 중 가장 잘 연구된 분야가 될 것이다. 이미 완결되었거나 아직 진행중인 엄청난 수의 동독사 연구 작업들은 이미 지금도 동독사 연구가 거의 전영역에 걸쳐 균형 있게 전개되고 있는 듯한 인상을 준다. 그러나 이는 사실에 부합하지 않는다. 탄탄해보이는 경제사적 · 사회사적 연구에도 여전히 결점이 많을 뿐 아니라, 광범위한 비교연구 역시 아직 기대하기 어렵다.[92] 또한 경제사적 · 사회사적 연구를 수행할 때 정치사와 사회사를 엄격하게 분리하는 것은 인위적일 뿐 아니라, 여러 측면에서 "사회 전영역이 두루 지배된" 사회라는 동독의 특수조건하에서는 분리 자체가 전적으로 불가능하다. 게다가 1989년에 야기된 한 시대의 마감은 "사건사의 비예측성과 사회경제적 측면의 구조적 조건들만으로는 설명할 수 없는 우연성"[93]을 다시 한번 분명하게 상기시켜 주었다. 그럼에도 불구하고 사회사적 접근방식은 정치사적 접근방식과는 다르다. "현재 '새롭게' 진행되고 있는 동독/소련 점령지역에 대한 연구와 함께 다시 과거의 수순, 즉 먼저 정치사 그리고 그 다음에서야 사회사가 뒤를 잇는 수순이 재현될 것이고, 이를 통해 현대사 연구에서 증대되고 있는 사회사적 접근이 감소될 것이다"[94]라고 지적한 파울 에르커(Paul Erker)의 우려는 분명 기우가 아니다.

사회사가 단기간의 문서연구를 통해 설명될 수 없는 복잡한 문제들을 다룬다는 것을 감안하면 이러한 상황은 별로 놀랍지 않다. 예컨대 우리는 소위 '노동자 · 농민 국가'의 '지배계급'에 해당하는 노동자들의 삶에 대해 여전히 별로 아는 바가 없다.[95] 의심할 여지없이 통사당 지배체제의 가장 끔찍하고 그로테스크한 부분인 과도한 안보 강박관념과 이에 상응하여 확대된 경찰과 감시기구에 대한 연구도 시급히 보완되어야 한다. 그 때문에 권력기구의 구조, 국가안전부의 빈틈없는 비공식 정보원망과 정치적 사법의 방식이 특별히 주목을 끈 것은 당연하며, 앞으로도 연구 선호분야로 남을 것이다.96) 그 사이에 이미 동독 초기에 경찰국가의 토대가 마련되었다는 것이 더 상세하게 밝혀졌다.97)

현재 가장 잘 연구된 분야는 통사당의 교회정책이라고 생각한다.98) 그러나 1989년 동독 민주화혁명의 영웅으로 인식된 교회가 뜻밖에도 국가안전부의 활동에 연루되었다는 충격적인 사실에 가리어 이 점에만 연구의 초점을 맞추거나 '위로부터' 관점에서 서술할 경우 지극히 선택적인 해석에 머무르게 될 위험성이 있음을 간과해서는 안될 것이다. 그러므로 기독교계의 내적 생활과 소극적 저항 및 변화, 지역에 따라 종종 판이하게 달랐던 교구, 성직자, 국가기관, 체제비판적 정치집단 사이의 관계 그리고 전통보존의 구심점이자 중요한 대안문화의 중심지로 기능했던 목사관의 사회사는 중요하면서도 심혈을 기울여야만 해결할 수 있는 연구과제로 남아있다.99) 지금은 문화사가 특히 강세이기 때문에 문화사적 주제들이 다채롭고 생산적인 연구분야를 제공한다. 그러나 이 분야에서도 지금까지 기껏해야 몇몇 개별 연구성과들이 있을 뿐이다.100)

정치사와 사회사 주제들은 독재라는 개념이 핵심범주로 기능하는 해석 안에서 개념상 의미있게 결합될 수 있다. 1989년 이전 시기와 비교해보면 분명 이 부분의 변화를 확인할 수 있다. 동독 관찰자 혹은 동독 방문자들 모두는 대개 일당독재를 접했다는 것을 알았지만 최소한 그 사실을 공공연하게 밝히지는 않았다. 왜냐하면 이것이 양 독일국가 간에 힘겹게 추진된 관계 정상화의 연약한 새싹을 꺾을 위험이 있었기 때문이다. 오늘의 시점에서 이를 비판하는 것은 진부하다.[101] 물론 비판은 필요하다. 그러나 "접근을 통한 변화"(학문분야에도 해당함)는 결코 기회주의적 구상이 아니라 "강자의 정책"[32]* 실패와 통사당 정권을 단호히 배척한 것으로 인해 겪어야 했던 쓰라린 경험의 산물임을 기억해야 한다.

거의 사라졌던 독재라는 개념을 하나의 해석 틀로 인정하는 것은 최근의 과거인 동독사를 적절하게 조명할 수 있는 하나의 중요한 관점일 것이다.[102] 이 경우 비교사적 연구들, 즉 나치 독재[103]뿐 아니라 (더 나아가) 소련의 세력범위하에 있었던 동유럽 국가들과의 비교작업은 포괄적인 전체의 모습을 재구성하는 데 크게 기여할 수 있을 것이다. 소비에트공산주의 독재의 일반유형과 독일의 독재라는 특수유형 간의 유사성과 독자성을 밝히는 것이 이러한 작업의 특징적 프로필이 될 것이다.

동독과 동유럽 '인민민주주의 국가들'의 비교분석은 연구가 가장 미흡한 현대사 분야이다. 양측이 모두 소비에트 지배체제와 냉전상황을 함께 겪은 만큼, 이러한 비교연구를 통해 일국을 넘어서는 보편적 발전과정과 각 국가 특유의 차이, 획일화 시도와 이에 대한 저항의 잠재력, 공통점과 차이점을 가장 신속하게 밝혀낼 수 있을 것이다. 이러한 체계적인 연구를 시도하는 것이

---

32) (역자) 이는 아데나워가 주장하여 1960년대 말 신동방정책이 수립될 때까지 시행되었던 힘의 우위에 입각한 통일정책을 의미한다. 즉 동·서독 관계에서 서독이 힘의 우위를 다져 동독과 동유럽 공산권에 압력을 가해 협상의 길로 유도한다는 것이 그 핵심 내용이다.

지금까지 오히려 예외적 현상이었던 이유는 첫째, 언어의 문제 때문이다. 둘째, 독일에서 두드러지게 나타나는 현상으로 현대사 영역이 제도적으로 일반 현대사, 동독사, 동유럽 연구분과로 구분되어 있기 때문이다. 바로 이 문제가 앞으로 해결해야 할 특히 중요한 과제이다. 즉 지금까지 계속되어온 이 분과들간의 구분을 극복하고, 앞으로 동유럽에 대한 연구를 지금보다 훨씬 더 확대해야 한다.

디트리히 가이어가 힘주어 상기시키듯이, "유럽의 어떤 지역도 유럽대륙의 동반구만큼 20세기 파국의 역사를 가혹하게 겪은 곳은 없다. 세계를 변화시킨 전쟁과 혁명의 중심지가 바로 이곳이었다. 무덤으로 가득찬 벌판과 학살지 그리고 추모기념물로 뒤덮인 중·동부유럽은 이 짧은 한 세기 동안에 그 토대가 세 번씩이나 뿌리째 흔들렸고 완전히 변화되었다."104) 공산주의가 존속했던 전기간에 대한 재해석은 앞으로 현대사의 핵심문제가 될 것이다. 또한 이러한 재해석을 통해 특히 제2차 세계대전 동안과 종전 후에 시행된 독일인의 강제추방과 이주운동은 정치적으로 규정된 언어구사 및 원칙에 구애받지 않는 새로운 방식으로 연구될 수 있을 것이다.105)

전체주의 패러다임은 그 사이에 광범위하게 인정받은 독재 개념보다 훨씬 더 논란의 여지가 많을 것이다. 이 패러다임은 정치학이나 정치교육 분야에서와 달리 1980년대에 현대사 연구분야에서는 연구의 중심 역할을 하지 못했다.106) 이는 나치와 동독사 연구 모두에 해당된다. 여기에는 충분한 이유가 있다. 우선 양 체제와 이데올로기가 완전히 다른 정신사적 전통에 서있고 목표한 바도 달랐음을 지적할 수 있지만, 그외에도 두 가지 점에서 결정적으로 이 패러다임에 대해 이의가 제기되었다. 첫째, 전체주의라는 개념은 그 정체성 때문에 사회적 변화를 파악할 수 없게 한다. 둘째, 전체주의 개념이 갖고 있는 규범적 성격은 전체주의적 지배의 주장과 현실 사이에 존재하는 경험적 차이를 파악하기 어렵게 만들며, 민주주의적 법치국가라는 대조적인 비교배경을 설정함으로써 과거 동·서 대립의 구도를 그대로 답습하고 있다. 사회과학적 동독 연구의 창시자 중 하나인 페터 크리스티안 루츠는 이미 통사당 엘리트에 대한 연구를 토대로 전체주의적 지배로부터 "협의적 권위주의"[107] 체제로의 변화가 가능하다고 지적했다.

동독사의 각 시기는 분명히 상당한 차이를 보여준다. 동독사의 전체적 발전과정을 무차별적으로 '전체주의' 혹은 '스탈린주의'로 규정한다면 이러한 차이는 더이상 충분히 파악될 수 없다.[108] 국가안전부가 시행한 감시의 강도로 볼 때 조지 오웰 (George Orwell)의 부정적 유토피아는 다른 면에서 오히려 전체주의적 지배모델에 더 부합했던 나치시대보다 1980년대 동독에서 더 많이 실현되었다. 40년간의 동독 독재기간중에도 사회적 자유공간의 정도와 국가의 탄압양식은 큰 차이를 보이고 있다. 1950년대 스탈린주의 절정기에 자행된 억압의 잔인성을 호네커 시기에는 찾아볼 수 없다. 나아가 1970/80년대 동독과 폴란드, 혹은 헝가리의 차이는 너무나 크기 때문에 모든 공산주의체제가 형식적 측면에서 의심할 여지없이 전체주의에 해당하는 기본조건과 이데올로기적 주장을 갖추었다는 지적은 별로 설득력이 없다.

끝으로 전체주의적 지배 이론은 다양한 방향으로 발전했기 때문에 전체주의론이라고 부를 수 있을지도 의문이다. 지그리트 모이쉬엘은 정치사적 그리고 기본적으로 지배유형에 초점을 맞춘 오랜 연구전통과 달리, 무엇보다 동독 독재가 사회를 국가에 종속시키고, 사회의 기능적 분화를 저지할 수 있었다는 점에서 전체주의적이라고 파악하고 있다. 요컨대 동독에서는 "정치, 경제, 법, 도덕……의 독립성이 상당히 축소되었고, 사회 역시 사회구조적으로 거의 동질화"되었다는 것이다.[109]

모이쉬엘의 테제에 대해서는 물론 반론이 제시되었다. 동독이 실제로 정지된 사회였다고 묘사될 수 있을까? 랄프 예센(Ralph Jessen)은 그렇게 볼 경우 경제계획의 실패, 동독인에게 만연되었던 사회적 틈새공간(Nischen)으로의 후퇴, 새로운 사회적 불평등의 형성, 실수와 약점을 극복하기 위해 끊임없이 시행된 정치적 동원의식들을 어떻게 설명할 것인가라는 질문을 던졌다.[110] 이제 '위로부터' 시각은 보완되어야 하고, 정치적 주장으로서 지배에 대한 분석은 '사회적 실행이라는 지배'의 측면에 대한 연구를 통해 확대되어야 한다. "사회 전영역을 두루 지배"하려는 시도가 미치지 못한 한계, 통치자와 피통치자 간의 상호 의존성에 입각한 상호작용과 시민들의 '자기고집(Eigen-Sinn)'[111]이 다루어져야 포괄적이면서도 세분화된 전체의 모습이 그려질 것이다.[112]

이러한 요구는 나치역사 서술의 맥락에서 야기된 또 다른 본질적 논쟁에 해당되지만, 동독사와 소비에트공산주의 국가들의 역사에 적절하게 접근하기 위해서도 일반적으로 중요하다. 마틴 브로스차트는 (종종 잘못 이해된) "역사화"라는 개념으로 이에 대한 키워드를 제공했다.[113) 역사화에 대한 요구가 목표하는 바는 '제3제국'을 올바로 이해하기 위해 나치시대에는 끔찍한 범죄와 무서울 정도로 갑갑한 정상성이 공존했음을 인정하고 견뎌내는 것이다. 브로스차트의 핵심 명제는 "오랫동안 우렁차게 강조되어 왔고, 아직도 그러한 거리두기의 요구는 이 시대에 대한 올바른 역사적 파악과 조화를 이루어야 한다. 후자를 위해서는 비판력과 이해력이 모두 요구된다"[114)는 것이었다.

이런 의미에서 역사화란 '역사가 논쟁'에서 우려된 바와 같이 결코 상대화를 의미하는 것이 아니라, 훨씬 더 복합적이면서도 궁극적으로는 '더 정치적'이고 훨씬 더 두려움을 자아내는 독재의 모습을 그려내는 것을 목표로 한다. 그 배경에는 서독 역사학이 인물중심의 정치사로부터 사회사, 심성사, 생활사를 더 적극적으로 고려하는 방향으로 힘겹게 발전해온 과정이 자리잡고 있다. 이제 히틀러라는 인물과 악마성이라는 기본적으로 초역사적인 범주는 더이상 부각되지 않는다. 그보다는 마지막 순간까지 자발적으로든 강요에 의해서든 지도자 히틀러를 따르고 전쟁과 학살기구를 작동하게 한 독일 사회의 내부상황에 대한 더 긴급한 질문들이 중시되고 있다.

이러한 역사화의 핵심이라 할 수 있는 "비판과 이해의 능력"

은 나치와 완전히 다른 차원의 성격을 띤 독일의 두번째 독재체제 연구를 위해서도 필요하다. 그러나 이 독재는 40년간 유지되었고, 전쟁도발은 물론 어떠한 대량학살도 자행하지 않았으며, 국제무대에서 항상 더 위신이 높아보였던 만큼, 동독에서 자행된 간접적 억압은 더 심했다. 제2차 세계대전 후 첫 수십 년과 비교해볼 때 1980년대에는 동독의 정치체제를 억압적·범죄적이라고 인식하는 정도는 훨씬 미약했고, 이에 대해서는 대다수 동독인들과 외부의 견해가 전적으로 일치했다. 동독의 발전과 점진적 변화 및 정상화에 대한 기대가 동독 체제의 구조적 결함과 지배의 비도덕적 토대를 파악하는 것을 방해했던 것이다. 아르민 미터와 슈테판 볼레의 책제목처럼[115] 동독이 "단계적으로 몰락"할 운명이었다고 보는 것은 1960, 70년대에 동독을 바라보던 지배적 시각이 아니었다. 그러나 동독 역사를 이렇게 보는 것은 동독 체제에 헌신했던 모든 사람들이 체제에 대한 믿음을 상실했다는 주장의 암묵적인 토대가 될 수 있다. 메리 풀브룩(Mary Fulbrook)은 최근의 동독사 서술을 비판적으로 분석한 논문에서, 심지어 1953년 6월 17일부터 1970년대 초까지를 대략 "단계적 상승(Aufstieg auf Raten)"의 시기로 볼 수 있다는 도발적인 주장을 제기했다.[116] 만약 비판적 역사화라는 의미에서 현실에 부합하는 전체 모습을 파악하고자 한다면 '독재하에서의 삶'의 다양성과 복합성을 대내외적 관점에서 살펴야 한다. 세대에 따른 경험의 차이 역시 이 과정에서 중요한 역할을 할 것이다.[117]

이러한 요구에 부응하자면, 동독사는 애초부터 실패한 사회주

의 실험으로 서술되어서는 안되며, 또한 그 끝만 보고 처음 출발
할 때 이미 결말이 정해진 독재의 몰락사로 서술해서도 안될 것
이다. 그 대신에 콘라트 야라우쉬(Konrad H. Jarausch)가 제안했듯
이 구조적인 것에 초점을 맞추어 대상 자체를 재구성하는 것이
필요하다.118) 그럼에도 앞으로 동독의 모습은 전체적으로 과거
서독에서 수행된 동독 연구에 나타난 것보다 분명 "훨씬 더 어
두워질 것이다."119)

1989년의 혁명적 변혁은 동독사에 대한 시각만을 획기적으로
바꾼 것은 아니다. 이제는 전후 독일사도 전체적으로 다른 종류
의 틀로 보인다. 이 부분에서 앞으로 중대한 개념상의 전환이 야
기될 것이다.120) 마찬가지로 서방의 복지사회들도 점차 한 시대
의 종식이 야기한 결과들을 인식하게 될 것이다.121)

독일 연방의회 조사위원회가 아데나워의 독일정책에 대해 전
문가의 평가를 위촉하게 된 배경에는 대중매체상에서 새롭게 활
성화된 서방 통합과 독일 통일의 관계에 대한 논쟁이 자리잡고
있었다. '자석이론'33)*과 같이 결정론을 암시하는 사고유형을 단
순하게 추종하지만 않는다면 이러한 논쟁은 1989년 이후 시기에
도 결론이 나지 않을 것이다.122) 이는 사민 연정이 실시한 독일
및 동방정책의 목표설정과 성과에 대한 논쟁에도 해당된다.123)
이를 둘러싼 논쟁은 현재 한층 더 격렬해졌으며 상당히 정당정

---

33) (역자) 자석이론은 사민당 정치가 쿠르트 슈마허(Kurt Schmacher)가 강
    조한 것으로, 그 핵심 내용은 서독의 경제적 번영이 동독 지역을 끌어
    들이는 자석의 흡인력으로 작용하여 결과적으로 통일이 가능하게 된다
    는 것이다.

치적 관점을 띠고 있다. 학문으로서 현대사는 조건요소들과 예상 가능한 결과들을 상세히 분석하고 여러 주장들을 상호 비교하는 시도를 할 수 있다. 그러나 이렇게 역사적 맥락이 복잡한 경우 변화된 시대적 지평으로부터, 그리고 새롭게 확보된 자료들을 토대로 대립적 논쟁에 대해 명확하고 최종적인 결론을 내린다는 것은 학문으로서 현대사에게 너무 벅찬 요구이다.

비판적 역사서술이 지향해야 할 앞으로의 목표는 1990년 독일 통일의 날에 초점을 맞춘 전독일사에 동독사를 무조건 편입시키는, 목적론적인 것이 되어서는 안된다. 이것은 이데올로기화된 역사적 재구성의 새로운 변종이다. 그러나 지금까지처럼 두 국가의 역사로 분리하여 서술하는 것도 지양되어야 한다. 양 독일 국가는 정도는 각각 다르지만 세 개의 좌표(Koordinationssystem) 안에 자리매김될 수 있다. 이들은 냉전과 동·서 대립이라는 전지구적 상황에서 각각 강대국 미국과 소련의 영향하에 있었다. 그러나 양국 정치지도자들은 독자적인 정치도 실시했으며, 양국 사회는 외부로부터 조종된 원동력만을 발전시킨 것은 아니었다. 끝으로 양 국가와 사회는 대립과 협력을 통해 이들이 인정하려 했던 것보다 훨씬 긴밀한 관련을 맺고 있었다. 이러한 양 독일국 가의 상호 관련성과 경쟁국가에 대한 상호 거부는 유사한 구조를 토대로 성립된 동유럽 독재체제와 동독을 비교할 때 드러나는 가장 분명한 차이점이다. 동·서독의 관계는 상당히 불균형적 성격을 띠고 있었지만, 양국의 대내외적 역사에 강한 영향을 미쳤다. 1990년 통일 이후 이러한 상황에 대한 이해는 한층 증대되었다. 동독사는 정치적·경제적 강국인 서독이 이웃해 있었다는 점을 빼놓고는 결코 이해할 수 없다. 반대로 공산주의를 표방한 동독의 존재와 서독에 영향을 미치려 했던 동독의 다양한 시도는 서독의 내부상황에 영향을 미쳤고 정치적 결정의 관철 여부와 사회적 논쟁방식을 결정했으며 서독 정치문화의 프로필 형성에도 영향을 미쳤다.[124] 이 분야에 대해서는 아직 많은 문제들이 개별적으로 연구되어야 한다.

양 독일국가의 개별사를 역사서술적으로 통합하는 것이 정체성 조장을 목적으로 한 새로운 민족사로 귀결되어서는 안될 것이다. 오히려 우선은 다양한 영역과 주제분야에서 경험적 연구를 통해 동·서독의 상호 배제(Abgrenzung)와 상호 연관(Verflechtung)의 '변증법'을 더 정확하게 살펴보아야 한다. 나치 과거에 대한 동·서독의 "분리된 기억(geteilte Erinnerung)"과 같이 특히 성공적인 연구사례들도 이미 제시되어 있다.[125] 위에서 언급한 세 가지 요소 사이의 비중은 아마 앞으로 달라지게 될 것이다. 양 독일국가 간의 상호작용, 상호 분리적 측면 및 지속적인 상호 관련을 역사적 분석의 전면에 한층 더 부각시키는 것 자체가 이미 '내적 통일'의 달성이라는 어려운 정치적 과제를 시사한다. 그러나 학문분과로서 현대사는 이 다루기 힘든 공동의 전후사가 단순화되지 않도록 제몫을 다해야 할 것이다.

5. 전망

돌이켜보면 우리는 "단기 20세기"[126)]에 대한 조망을 통해 우리에게 익숙한 시대적 전환점들이 이동한다는 것을 인식하게 된다. 1917년과 1945년은 1989년을 통해 다른 의미를 얻게 된다.[127)] 독일 현대사의 최근 시기를 20세기 역사라는 상위 맥락으로 편입시키라는 요구에는 분명 이의의 소지가 없다. 또 다시 '고립화'될 위험을 막기 위해서 동독사에 집중적으로 고정된 독일의 연구경향은 이제 지양되어야 한다.[128)] 그러나 이를 연구개념으로 전환시키는 일은 쉽지 않다. 이와 관련하여 한스 귄터 호커츠(Hans Günther Hochkerts)는 세계적 경제위기를 겪은 후 이에 대응해 동독정부가 실시한 복지정책이 야기한 국가재정의 고갈, 동독에서 나타나는 노동자문화운동 전통의 국가화, 서유럽과 동유럽의 각 통합과정이 동·서독에 미친 영향과 같이 개별적으로 살펴봐야 할 몇몇 흥미로운 연속성에 관련된 문제들을 제기했다.[129)]

그러나 20세기에 전개된 변혁과 이 세기의 주요 전환점들은 개별 국가를 초월하는 체계적인 문제제기를 통해 비교사적으로 다루어질 수도 있다. 상이한 독재가 어떻게 수립·안정화되었고, 이런 독재가 어떻게 해체 혹은 제거되었으며, 각 독재의 과거청산은 어떻게 진행되고 있는가? 이러한 개념의 핵심어는 독재정권에 대한 협력, '숙청', 사회정책을 통한 충성심 확보, 역사교육정책을 통한 지배의 안정화 등이다. 이러한 문제제기는 양차 세계대전 사이 동유럽에서 수립된 '소규모 독재'들과 스페인·포르투

갈에서 시행된 독재 그리고 독일과 일본의 비교에도 해당된다.

폭스바겐 재단의 중점지원 영역인 '20세기 독재'의 목표설정은 1989/90년에 전개된 대변혁 이후에야 비로소 시대의 주요 문제들을 더 장기적 시각으로 바라보면서 지금까지 익숙해있던 동과 서의 이분법을 넘어, 그리고 일국사적 관점에 얽매이지 않고 연구할 수 있게 되었고, 독재의 다양한 유형과 형식도 더 분명한 프로필을 얻게 되었다는 인식에서 출발하고 있다.[130] 결국 1989년 훨씬 이전에 이미 시작되었지만, 그 이후 한층 가속화된 세계화는 과거의 표상과 단절과 이행에 대한 인식에 영향을 미칠 것이다. 그러나 다른 한편으로 현대사가 앞으로 다루어야 하는 지정학과 민족사의 부활 경향이 이에 맞서게 될 것이다.[131]

한스 로트펠스가 1953년 현대사의 대상을 '위기로 인한 격동의 시대'로 규정했던바, 이 정의는 1989년 이후에도 전적으로 같지는 않지만 다소 다른 방식으로 새롭게 적용될 수 있다. 학문분과로서 현대사는 이로부터 유래되는 현재적 방향설정의 필요성을 최대한 염두에 두어야 한다. 이것이 정치적·사회적 측면에서 현대사가 안고 있는 근본과제이다. 현대사는 이제 로트펠스가 연구대상으로 삼았던 그 상황이 해체된 원인과 해체의 경과를 다른 방식의 문제제기를 통해, 그리고 새로이 확보된 엄청난 양의 사료를 토대로 더욱 날카로워진 방법론적 도구를 이용하여 연구할 수 있다. 이러한 과정을 통해 에버하르트 예켈이 여러 측면에서 독일의 세기라고 적절하게 특징지은 20세기의 외적 면모와 내적 구조가 더욱 정확하게 파악될 수 있을 것이다.[132]

6. 2004년 한국어판에 덧붙여

이 책이 출판된 이후 수년 동안 독일 현대사 연구에는 많은 변화가 있었다. 이를 상론하고 이와 관련된 문헌을 소개하는 것은 완전히 새로운 작업이 될 것이다. 따라서 여기서는 몇몇 주요 연구경향을 소개하고 특별히 중요한 문헌을 소개하는 데 그치고자 한다.

동독에 대한 연구는 여전히 각종 출판물과 학술행사, 대중적인 행사들을 통해 호황을 이루고 있다. 서독 역사에 대한 연구는 분명 후퇴했다. 방대한 양의 각종 안내서와 사전, 사료집, 개설서, 참고문헌의 소개 덕분에 동독의 거의 전 국가·사회영역을 살펴볼 수 있게 되었다. 새로운 연구성과들은 학자, 학생 그리고 관심을 갖고 있는 일반대중에게 전문연구 경향을 신속히 파악할 수 있도록 도와준다. 이와 관련하여 특히 중요한 참고문헌을 언급해보고자 한다.

우선 베아테 이메-투헬(Beate Ihme-Tuchel)의 『동독(Die DDR)』, (Darmstadt, 2002)을 들 수 있다. 이 책은 아른트 바우어캠퍼(Arnd Bauerkämper), 페터 슈타인바흐(Peter Steinbach), 에드가 볼프룸(Edgar Wolfrum)이 엮은 역사논쟁 시리즈 중 하나로 출간되었다. 베른트 슈퇴버(Bernd Stöver)는 이에 맞추어 『서독(Die Bundesrepublik Deutschland)』을 저술했고 마찬가지로 2002년에 출간되었다.

그밖에도 귄터 하이데만(Günther Heydemann)의 『동독의 내정(Die Innenpolitik der DDR)』(München, 2003)과 요아킴 쉬올튀젝(Joachim

Scholtysek)의 『동독의 대외정책(Die Außenpolitik der DDR)』(München, 2003)도 주목할만하다.

동독 사회사 시리즈에 포함될 아른트 바우어캠퍼의 책은 현재 출판준비 작업중이다. 1990년대에 이미 이 시리즈로 바이마르공화국, 제3제국과 서독을 다룬 책들이 출판되었다.

동독 연구의 대가인 헤르만 베버의 고희를 기념하여 '통사당 독재청산'재단이 기획하고 라이너 에펠만(Rainer Eppelmann), 베른트 파울렌바흐(Bernd Faulenbach), 울리히 맬러트(Ulrich Mählert)가 엮은 『동독연구개관과 전망(Bilanz und Perspektiven der DDR-Forschung)』(Paderborn, 2003)은 동독 연구의 전체적인 경향을 가장 포괄적으로 설명하고 있다.

위르겐 코카는 이 책의 출판기념회에서 행한 강연에서 기존 동독 연구의 취약점을 언급하고, 이를 통해 앞으로 동독 연구의 전망에 대한 토론을 활성화시켰다. 코카의 강연내용은 권위있는 동독·독일 연구 학술지인 『독일 아카이브(Deutschland Archiv)』(2003년 5호)에 수록되어 있으며, 이에 대한 뮌헨 현대사연구소 베를린지부 연구원들의 입장 표명과 포츠담 현대사연구센터에 소속된 토마스 린덴베르거와 마틴 자브로가 이 두 글에 대해 쓴 논평이 같은 잡지(2003년 6호, 2004년 1호)에 실려 있다.

동독 연구를 더 큰 맥락 안에서 제대로 자리매김하지 못했다는 코카의 비판은 양적으로는 매우 인상적인 연구성과를 내는 동독사 연구분과의 명백한 결점을 지적한 것이다. 그러나 동독사에 대한 공개적 논쟁 혹은 정당정치적 색채를 띤 논쟁들은 분명히 수그러들었다. 즉 동독사에 대한 신중한 역사화 추세가 나타나고 있는 것으로 연구의 시야를 확대해야 한다는 목소리도 한층 높아지고 있다. 이는 한편으로 비교연구(특히 동독과 소련의 영향하에 있었던 동유럽 국가·사회와의 비교)를, 다른 한편으로 동·서독의 관계사를 목표로 한다. 결론적으로 이원적 독일 전후사를 유럽사화하거나 최소한 좀더 유럽사의 맥락에서 봐야 한다는 목소리가 한층 높아진 것이다. 물론 알렉산더 뉘체나델 (Alexander Nützenadel), 볼프강 쉬이더(Wolfgang Schieder)가 엮은 『현대사의 문제. 유럽의 민족전통과 현대사 연구 전망(Zeitgeschichte als Problem. Nationale Traditionen und Perspektiven der Forschung in Europa)』 (Göttingen, 2004)은 유럽 현대사 연구가 내포하고 있는 어려움을 잘 보여준다. 그럼에도 불구하고 유럽 현대사를 더 많이 연구해야 한다는 과제를 해결하기 위한 노력은 앞으로 현대사 연구의 중요한 발전추세가 될 것이다. 2004년 5월 포츠담 현대사연구센터에서 열린 국제학술대회는 이러한 관점에서 앞으로 연구에 기여할 수 있는 방법론을 모색하는 계기를 마련했다. 이에 대한 내용은 최근에 창간된 『현대사 연구(Zeithistorische Forschungen)』 3권에 소개될 것이다.

최근 들어 독일 전후사의 구도를 어떻게 잡아야 할 것인가에 대한 논의도 진척되고 있다. 이와 관련해서는 페터 벤더(Peter Bender)의 유명한 저서들 외에 특히 페터 그라프 킬만제그(Peter Graf Kielmansegg)의 역작인 『파국 이후. 분단독일사(Nach der Katastrophe. Eine Geschichte des geteilten Deutschland)』(Berlin, 2000)를 주목할

만하다. 높은 지적 수준을 보여주는 이 책은 1945년 이후 양 독일국가의 상반된 발전경로에 대한 논증적 서술과 성찰을 담고 있다. 물론 동독을 내부로부터 그리고 '적대적 형제'인 서독과의 관련하에서 충분히 다루지 못했다는 이 책에 대한 비판은 일리가 있다.

한편 콘라트 야라우쉬와 크리스토프 클레스만은 역사교사연맹(Geschichtslehrerverbund)과 공동으로 동·서독사 통합 문제에 대한 방법론적 구상을 모색했다. 서독사와 동독사, 민주주의와 독재의 역사를 어떻게 적절하게 통합할 수 있는가 하는 문제는 비단 학계만의 관심사가 아니라, 교과서와 학교수업과도 큰 관련이 있다. 이 점은 특히 전문역사가들과 학교 교사들이 키일에서 개최될 역사학대회에서 공동으로 주관하는 발표분과에서, 그리고 여기서 행해질 발표와 토론내용을 수록할 출판물[133]에서 강조될 것이다. 야라우쉬는 「양 독일국가의 전후사 통합을 위하여 (Zur Integration der beiden deutschen Nachkriegsgeschichten)」[134]라는 논문에서 이 문제를 상세히 다루고 있다.

최근 들어 나치 독재와 동독 독재의 비교작업은 눈에 띄게 쇠퇴했다. 왜냐하면 양 독재 사이에는 공통점에 비해 차이점이 압도적으로 크기 때문이다. 하나의 해석관점인 전체주의론의 경우에도 이러한 쇠퇴현상은 어느 정도 목격된다. 그러나 전체주의는 여전히 기본적인 연구대상이고, 특히 드레스덴의 한나 아렌트 전체주의연구소 연구프로그램의 근간을 이루고 있다. 게하르트 베지어(Gerhard Besier)가 2003년부터 신임 소장으로 이 연구소를 이끌고 있다.

동독 역사의 가장 끔찍하고 동시에 가장 이해하기 어려운 장이라 할 수 있는 국가안전부에 대한 떠들썩했던 관심도 분명히 수그러들었다. 옌스 기제케(Jens Gieseke)의 연구성과들은 동독 붕괴 이전에는 제대로 파악할 수 없었던 근대 독재의 현상을 밝히는 데 근본적으로 기여했다.

옌스 기제케, 『국가안전부 상임요원의 인적 구조와 생활세계 1950 ~1989/90(Die hauptamtlichen Mitarbeiter der Staatssicherheit. Personalstruktur und Lebenswelt 1950~1989/90)』, Berlin, 2000.

옌스 기제케, 『밀케 콘체른. 국가안전부의 역사 1945~1990 (Mielke-Konzern. Die Geschichte der Stasi 1945~1990)』, Stuttgart, 2001.

국가안전부는 동독의 국가적·사회적 군사화 역사의 일부분이기도 하다. 포츠담의 군사사 연구청은 『동독의 군대, 국가, 사회. 연구분야와 연구결과 그리고 전망(Militär, Staat und Gesellschaft in der DDR. Forschungsfelder, Ergebnisse, Perspektiven)』(edited by Hans Ehlert und Matthias Rogg, Berlin, 2004)에서 지금까지 광범위하게 세분화된 주제영역을 중간결산함으로써 이 문제에 대해 집중적으로 논의했다.

문서고가 개방된 이래 가장 잘 연구된 동독사 분야는 반체제 운동이고, 특히 1953년 6월 17일에 발생한 노동자 봉기이다. 중·동유럽에서 최초로 소비에트공산주의 정권에 전면적으로 대항해 일어났던 이 봉기 50주년 기념일에 맞추어 수많은 개설서, 개별 연구성과, 각종 회고록들이 출판되었다. 이 가운데 특히 이 봉기를 전체적으로 잘 개관한 코발축(Kowalczuk)의 책과 1989년에 이르기까지 현실사회주의 국가들이 겪은 위기의 역사를 비교사적 관점에서 다룬 최근의 연구시도가 소개될만하다.

일코-사샤 코발축(Ilko-Sascha Kowalczuk), 『1953년 6월 17일 : 동독 인민봉기의 원인, 경과, 결과(17. 6. 1953 : Volksaufstand in der DDR. Ursachen-Abläufe-Folgen)』, Berlin, 2003.

헨드릭 비스핀크(Hendrick Bispinck), 위르겐 다뉘엘(Jürgen Danyel), 한스 헤르만 헤어틀레(Hans Hermann Hertle), 헤르만 벤트커(Hermann Wentker) ed., 『동구권의 봉기. 현실사회주의 위기의 역사(Aufstände im Ostblock. Zur Krisengeschichte des realen Sozialismus)』, Berlin, 2004.

최근 들어 역사학에서 목격되는 추세는 회상과 기억에 대한 연구가 강화되고 있다는 점이다. 현대사의 특성 가운데 하나는 전문적 학문이 동시대인들의 개인적 기억과 경쟁해야 한다는 점이다. 그러므로 현대사는 역사학의 다른 분과들에 비해 논쟁사적 성격이 훨씬 강하다. 마틴 자브로, 랄프 예센, 클라우스 그로세 크라흐트(Klaus Große Kracht)가 함께 엮은 『논쟁을 통해 본 현대사. 1945년 이후의 주요 논쟁(Zeitgeschichte als Streitgeschichte, Große Kontroversen nach 1945)』(München, 2003)은 유럽적 시각에서 가장 중요한 논쟁들을 되돌아보면서 정리하고 있다.

정치적·학문적으로 최근에 논쟁대상으로 부각된 것은 무엇보다 '강제추방된 독일인연맹' 간부들이 요구한 '강제추방반대센터(Zentrum gegen Vertreibungen)' 설립문제이다. 많은 유럽(그리고 비유럽) 국가들에게 큰 관심대상인 탈출, 추방, 강제이주, 인종청소들을 적절하게 알릴 수 있는 형식에 대해 관심을 갖는 것은 당연히 환영할만하다. 그러나 여기에 정치적 의도가 개입되고 장소선정 문제(베를린, 브레슬라우, 기타 많은 지역들)가 발생함으로써 독일과 동유럽 이웃 국가들 사이에 갈등이 야기되었다.[135] 이는 동·서 갈등 종식 후 민족주의적 역사상을 결정하는 요소들이 어떻게 변화했는가를 똑똑히 보여주었다. 이 논쟁이 어떻게 끝을 맺을지는 아직 미지수이다.

학문으로서 현대사에 가해진 가장 커다란 방법론적 도전은 미디어사에 대한 체계적 성찰과 미디어사의 현대사 연구로의 통합이다. 대중매체는 20세기에 들어 광범위한 영향력을 행사했다. 그러나 예나 지금이나 주로 문서자료들에 의존해서 교육과 연구를 수행하는 역사가들은 이로부터 충분한 방법론적 결론을 도출하지 못했다. 토마스 린덴베르거는 논문 「과거를 듣고 보다. 현대사와 시청각매체 활용의 과제(Vergangenes Hören und Sehen. Zeitgeschichte und ihre Herausforderung durch die audiovisuellen Medien)」 (Zeithistorische Forschungen, Vol. 1, 2004, No. 1, pp. 72~83)에서 이와 관련된 몇몇 중요한 문제들을 논의하고 있다(이 잡지의 2004년 2호는 미디어사를 특집으로 다루고 있다).

전자잡지 『현대사 연구(Zeithistorische Forschungen)』(이는 괴팅엔의 판덴회크 & 루프레히트 출판사에 의해 축약된 형식으로 발간되기도 함)와 현대사 부분을 포츠담 현대사연구센터가 맡고 있는 포탈

사이트 클리오-온라인(Clio-Online)은 전자통신매체를 현대사 연구 발표의 장으로 삼고, 이를 위해 인터넷의 다양한 가능성을 이용하는 데 목표를 두고 있다.

독일 현대사 연구의 가장 중요한 경향을 표어화한다면, 필자의 견해로는 무엇보다 역사화, 유럽적 맥락에서의 비교연구, 수용의 역사(Rezeptionsgeschichte), 기억의 역사, 더욱 확대된 대중매체 자료의 내용적 · 방법론적 수용으로 정리할 수 있다. 완전히 새로운 것은 없지만, 동 · 서 대립 종식 후에 변화된 정치적 여건과 현대사 분야에서 학문사적으로 이루어진 새로운 발전으로 새로운 문제제기가 활성화되었고, 좀더 다각도의 연구가 가능하게 되었으며, 처음에는 전통적 정치사에 국한되었던 현대사의 영역이 확대되고 더욱 다채로워졌다.

1) Hans Rothfels, "Zeitgeschichte als Aufgabe", Vierteljahrshefte für Zeitgeschichte(VfZ), Vol. 1, 1953, pp. 1~8, 본문의 인용내용은 p. 2.

2) 위의 글, 8쪽.

3) 위와 같음.

4) 이 글에서는 두 개념이 역사적으로 달리 형성되었다는 의미에 서 베르너 링크(Werner Link)의 입장을 따라 동·서 진영의 대립 과 냉전을 구분하기로 한다. 이에 대해서는 Werner Link, "Handlungsspielräume der USA in der Entstehung des Ost-West-Gegensatzes 1945~1950", APZ, 1983, No. 25, pp. 19~26 참조.

5) Eberhard Jäckel, "Begriff und Funktion der Zeitgeschichte", Eberhard Jäckel/ Ernst Weymar(ed.), Die Funktion der Geschichte in unserer Zeit (Stuttgart, 1975), pp. 162~176. 나아가 코젤렉(Reinhard Koselleck)의 현대사 개념에 대한 연구도 중요하다. 이에 대해서는 Begriffsgeschichtliche Anmerkungen zur "Zeitgeschichte", Victor Conzemius et al.(ed.), Die Zeit nach 1945 als Thema kirchlicher Zeitgeschichte (Göttingen, 1988), pp. 17~31 참조. 그밖에 다음의 논 문들도 참조. Horst Möller, "Zeitgeschichte. Fragestellungen, Interpretationen, Kontroversen", APZ, 1988, No. 2, pp. 3~16 ; Hans Günter Hockerts, "Zeitgeschichte in Deutschland", APZ, 1993, No. 29-30, pp. 3~19 ; Matthias Peter/ Hans-Jürgen Schröder, Einführung in das Studium der Zeitgeschichte (Paderborn, 1994) ; Hans-Ulrich Thamer, "Fragen eines Zeithistorikers an die 'juristische Zeitgeschichte'", Perspektiven und Projekte (Düsseldorf, 1994) (Juristische Zeitgeschichte, No. 2), pp. 53~64 ; Anselm Doering-Manteuffel, "Deutsche Zeitgeschichte nach 1945", VfZ, Vol. 41(1993), pp. 1~29 ; Paul Erker,

"Zeitgeschichte als Sozialgeschichte", Geschichte und Gesellschaft(GG), Vol. 19(1993), pp. 202~238 ; Gerhard A. Ritter, Der Umbruch von 1989/91 und die Geschichtswissenschaft (München, 1995).

6) 이는 특히 마틴 브로스차트가 제3제국의 지배구조를 지칭한 핵심 개념으로 나치당, 군대, 경제계, 관료, 나치친위대 등이 서로 다른 이해관계를 추구하면서 경쟁하고, 부분적으로는 투쟁까지 벌인 다원적 권력구조를 의미한다.

7) 이 논쟁들은 Ian Kershaw, Der NS-Staat. Geschichtsinterpretationen und Kontroversen im Überblick(Reinbek bei Hamburg, 1988)에서 균형 있게 소개 및 논의되었다. 그밖에 Karl Heinz Roth, "Historisierung des Nationalsozialismus?", Berliner Debatte Initial, 1993, No. 5, pp. 11 ~22 참조.

8) 이 논쟁에 불을 붙인 것은 무엇보다 Götz Aly, Macht, Geist, Wahn-Kontinuitäten deutschen Denkens(Berlin, 1997)였다. 필자도 다음 논문에서 처음으로 이 문제를 다루었다. "Osteuropa-Forschung und Lebensraumpolitik im Dritten Reich", Peter Lundgreen(ed.), Wissenschaft im Dritten Reich (Frankfurt/M., 1985), pp. 350~383.

9) Heinz Heitzer, "'Zeitgeschichte' 1945 bis 1958. Ihre Grundlegung als Spezialdisziplin in der Geschichtswissenschaft der DDR", Zeitschrift für Geschichtswissenschaft(ZfG), Vol. 35, 1987, pp. 99~115 참조.

10) 위의 글, 112쪽.

11) 이에 관련된 자료로는 특히 통사당 정치국의 "동독 역사학에 있어서 연구와 교육의 개선"에 대한 결의안(1955. 7. 5)과 동독 현대사가들의 과제에 대한 통사당 중앙위원회 사무국의 지령 (1957. 8), 그리고 Walter Bartel, "Fragen der Zeitgeschichte", ZfG, Vol. 6, 1958, pp. 730~748을 들 수 있다.

12) Bartel, Fragen, p. 734.

13) 위의 글, 740쪽.

14) 이는 현재 동독 사학사를 좀더 상세하게 분석하고 있는 마틴 자브로의 견해이다.

15) Rolf Badstübner, "Zur Nationalgeschichte der DDR 1945~1949. Ergebnisse der Arbeit an Bd. 9 der 'Deutschen Geschichte in 12 Bänden'", ZfG, Vol. 37, 1989, pp. 675~684 참조. 동독 역사학에 대한 세분화된 해석은 1988년에 나온 Alexander Fischer/Günther Heydemann(ed.), Geschichtswissenschaft in der DDR, 2 Vols. (Berlin, 1988~1990)에서 제시되었다. 여러 권으로 구성된 제2차 세계대전사 서술에 대해 힐그루버(Andreas Hillgruber)가 쓴 서평 "Deutschland im Zweiten Weltkrieg : Anmerkungen zu einem Standardwerk der DDR-Geschichtsschreibung" (Historische Zeitschrift : HZ, Vol. 223, 1976, pp. 358~372)의 예를 통해 볼 때 동독의 현대사 연구성과들도 서독에서 긍정적 관심을 이끌어냈다.

16) "Erbe und Tradition in der Geschichte der DDR", WB DDR-Geschichte(미출판 자료, 1989년 초), 마틴 자브로 개인소장 자료.

17) Josef Henke, "Das Schicksal deutscher zeitgeschichtlicher Quellen in Kriegs- und Nachkriegszeit", VfZ, Vol. 30, 1982, pp. 557~620.

18) Ingrid Laurien, "Die Verarbeitung von Nationalsozialismus und Krieg in politisch-kulturellen Zeitschriften der Westzonen 1945~1949", Geschichte in Wissenschaft und Unterricht(GWU), Vol. 39(1988), pp. 220~237 참조. 1960년대에 대해서는 Christoph Kleßmann, Zwei Staaten, eine Nation. Deutsche Geschichte 1955~1970(Bonn, 1997, 2차 증보판), p. 181 이하 참조.

19) Karl Wilhelm Fricke, "Merkwürdige Schlußstrich-Diskussion", Deutschland Archiv(DA), Vol. 28, 1995, pp. 113~115 참조.

20) Deutscher Bundestag, Enquete-Kommission "Aufarbeitung von Geschichte und Folgen der SED-Diktatur in Deutschland", Forschungsprojekte zur DDR-Geschichte, (Bonn, 1994).

21) Materialien der Enquete-Kommission "Aufarbeitung von Geschichte und Folgen der SED-Diktatur in Deutschland", ed. by Der Deutscher Bundestag, 9 Vols. (Frankfurt a. M., 1995).

22) Ralph Giordano, Die zweite Schuld oder von der Last, ein Deutscher zu sein (Hamburg, 1987).

23) Peter Reichel, "Vergangenheitsbewältigung als Problem unserer politischen Kultur", Jürgen Weber/Peter Steinbach(ed.), Vergangenheitsbewältigung auch Strafverjährung? (München, 1989), p. 155 이하 ; Detlef Pollack, "Alles wandelt sich, nur der Ossi bleibt stets der Gleiche?" Frankfurter Rundschau, 1996. 6. 29. 참조.

24) 전체주의 논쟁에 대해서는 주 106)을 참조.

25) 이 선언은 GG, Vol. 21, 1995, p. 157 이하에 수록되어 있다.

26) ZfG, 1990년 6월호 p. 498 이하에 발표된 Heinz Heitzer, "Für eine radikale Erneuerung der Geschichtsschreibung über die DDR"이 대표적 예에 해당한다.

27) Armin Mitter/ Stefan Wolle, "Aufruf zur Bildung einer Arbeitsgruppe unabhängiger Historiker in der DDR (10. Januar 1990)", Rainer Eckert/ Ilko-Sascha Kowalczuk/ Isolde Stark (ed.), Hure oder Muse? Klio in der DDR. Dokumente und Materialien des Unabhängigen Historiker-Verbandes(Berlin, 1994), p. 22 이하.

28) Jens Hacker, Deutsche Irrtümer. Schönfärber und Helfershelfer der SED-Diktatur im Westen (Berlin, 1992).

29) Rüdiger Thomas, "Leistungen und Defizite der DDR- und vergleichenden Deutschlandforschung", Heiner Timmermann (ed.), DDR-Forschung. Bilanz und Perspektiven (Berlin, 1995), pp. 13~39.

30) Peter Christian Ludz, Parteielite im Wandel (Köln, 1968).

31) Harmut Jäckel, "Unser schiefes DDR-Bild", DA, Vol. 22, 1990, pp. 1557~1565.

32) 위의 글, 1557쪽.

33) 위의 글, 1558쪽.

34) 위의 글, 1560쪽.

35) Karl Wilhelm Fricke, Selbstbehauptung und Widerstand in der Sowjetischen Besatzungszone Deutschlands (Bonn, 1966) ; Warten auf Gerechtigkeit. Kommunistische Säuberungen und Rehabilitierungen (Köln, 1971) ; Politik und Justiz in der DDR. Zur Geschichte der politischen Verfolgung 1945~1968 (Köln, 1979) ; Die DDR-Staatssicherheit (Köln, 1982).

36) 호네커는 1979년에 쓴 "Der Siegeszug des Sozialismus auf deutschem Boden", Honecker, Reden und Aufsätze, Vol. 6 (Berlin, 1980), p. 498에서 이를 언급했다.

37) Hartmut Kaelbe/ Jürgen Kocka/ Hartmut Zwahr (ed.), Sozialgeschichte der DDR (Stuttgart, 1994) 참조.

38) Lutz Niethammer/ Alexander von Plato/ Dorothee Wierling, Die volkseigene Erfahrung. Eine Archäologie des Lebens in der Industrieprovinz der DDR. 30 biographische Eröffnungen (Berlin, 1991).

39) Hartmut Zwahr, Ende einer Selbstzerstörung. Leipzig und die Revolution in der DDR (Göttingen, 1993), p. 155.

40) Timothy Garton Ash, Ein Jahrhundert wird abgewählt. Aus den Zentren Mitteleuropas 1980~1990 (München, 1990).

41) Charles S. Maier, "Geschichtswissenschaft und 'Ansteckungsstaat'", GG, Vol. 20, 1994, pp. 616~624 ; Mary Fulbrook, Anatomy of a Dictatorship. Inside the GDR 1949~1989 (Oxford, 1995) 참조. 이 문제에 관련된 논쟁 전반을 살펴볼 수 있는 기타 문헌으로는 Konrad H. Jarausch, "The German Democratic Republic as History in United Germany: Reflections on Public Debate and Academic Controversy", German Politics and Society, Vol. 43, 1992, No. 2, pp. 33~48 참조.

42) Heiko Feldner, "Politischer Umbruch und Geschichtswissenschaft in Deutschland", GG, Vol. 22, 1996, pp. 90~96, 본문 내용은 p. 93.

43) 이에 대한 전체적 개관은 Detlef Pollack, "Zum Stand der DDR-Forschung", Politische Vierteljahresschrift, Vol. 34, 1993, pp. 119 ~139 참조.

44) Gerd Meyer, "Die westdeutsche DDR- und Deutschlandforschung im Umbruch", DA, Vol. 25, 1992, pp. 273~285 ; Hermann Kreutzer, "Warum hat die Forschung das Offensichtliche übersehen?", Politische Vierteljahresschrift, Vol. 34, 1993, pp. 629~632 참조.

45) Heiner Timmermann(ed.), DDR-Forschung. Bilanz und Perspektiven (Berlin, 1995). 1996년에 이와 유사한 새로운 학술대회가 개최되었다. 이 학술대회의 결과물은 앞으로 출판될 예정이다.

46) 무엇보다 1981년 만하임에 설립된 '동독의 역사와 정치' 연구 분과(Arbeitsbereich 'Geschichte und Politik der DDR')를 예로 들 수 있는데, 지금은 만하임 '유럽사회연구센터(Zentrum für Europäische Sozialforschung)' 내 '동독사 중점 연구분과(Forschungsschwerpunkt DDR-Geschichte)'로 불린다. 나아가 특히 훌륭한 도서관을 보유하고 있었지만, 지금은 해체된 '중앙연구소 6(Zentralinstitut 6)'의 앞날은 불투명하다.

47) Horst Möller/ Hartmut Mehringer, "Die Außenstelle Potsdam des Instituts für Zeitgeschichte", VfZ, Vol. 43, 1995, pp. 173~185 참조. 그밖에 메링어(Hartmut Mehringer)가 여러 글을 모아 엮은 Von der SBZ zur DDR. Studien zum Herrschaftssystem in der Sowjetischen Besatzungszone und in der Deutschen Demokratischen Republik (München, 1995) 참조.

48) 중점연구소(FSP)의 역사에 대해서는 Tätigkeitsberichte der Max-Planck Gesellschaft(München, 1993~1996)와 중점연구소가 발행하는 Potsdamer Bulletin für Zeithistorische Studien, No. 1~5 (Potsdam, 1994

~1995) 참조.

49) Tätigkeitsbericht des ZZF(Potsdam, 1996) 참조. 근본적으로는 초기 연구 프로젝트의 결과물로 나온 다음 저서들이 현재 이 연구소의 "현대사 연구서(Zeithistorische Studien)" 총서로 출판되었다. Jürgen Kocka (ed.), Historische DDR-Forschung. Aufsätze und Studien (Berlin, 1993) ; Jürgen Kocka/Martin Sabrow (ed.), Die DDR als Geschichte. Fragen-Hypothesen-Perspektiven (Berlin, 1994) ; Peter Hübner, Konsens, Konflikt und Kompromiß. Soziale Arbeiterinteressen und Sozialpolitik in der SBZ/DDR 1945 bis 1970 (Berlin, 1995) ; Jürgen Danyel (ed.), Die geteilte Vergangenheit. Zum Umgang mit Nationalsozialismus und Widerstand in beiden deutschen Staaten (Berlin, 1995) ; Mario Keßler, Die SED und die Juden-Zwischen Repression und Toleranz (Berlin, 1995) ; Peter Hübner (ed.), Niederlausitzer Industriearbeiter 1935 bis 1970. Studien zur Sozialgeschichte (Berlin, 1995) ; Michel Lemke, Die Berlinkrise 1958 bis 1963. Interessen und Handlungsspielräume der SED im Ost-West-Konflikt (Berlin, 1995) ; Leonore Ansorg, Kinder im Klassenkampf. Die Geschichte der Pionierorganisation von 1948 bis Ende der 50er Jahre (Berlin, 1997) ; Simone Barck/ Martina Langermann/ Siegfried Lokatis, "Jedes Buch ein Abenteuer". Zensur-System und literarische Öffentlichkeiten in der DDR bis Ende der sechziger Jahre (Berlin, 1997); Monika Kaiser, Machtwechsel von Ulbricht zu Honecker. Funktionsmechanismen der SED-Diktatur in Konfliktsituationen 1962 bis 1972 (Berlin, 1997).

50) Armin Mitter/ Stefan Wolle, "Inquisitoren auf der Faultierfarm", Frankfurter Allgemeine Zeitung(FAZ), 1993. 9. 9.

51) 이 논쟁에서 표명된 다양한 입장은 Eckert/ Kowalczuk/ Stark (ed.), Hure oder Muse? (Berlin, 1994)에 수록되어 있다. 논쟁 내용과 전혀 무관할 뿐 아니라 책의 성과를 완전히 간과하는 볼레의

『Sozialgeschichte der DDR』(주 37 참조)에 대한 서평(FAZ, 1994. 8. 24)과 코카의 논문들을 엮은 『Vereinigungskrise』(Göttingen, 1995)에 대한 미터의 서평(Tageszeitung, 1995. 8. 8)처럼 종종 어처구니없는 후위공격도 전개되었다.

52) Michel Lemke, Das Forschungsprojekt "Die SBZ/DDR zwischen Sow-jetisierung und Eigenständigkeit - Handlungsspielräume und Entschei-dungsprozesse 1945~1963", Potsdamer Bulletin für Zeithistorische Studien, 1995, No. 4.

53) 이는 노동자, 농민 혹은 부르주아 같은 사회계급과 달리 통사당과 그 산하 기관들의 거대한 기구 속에서 근무하는 자들의 집단을 가리키는 것으로, 사회적 출신성분과 상관없이 공동의 활동을 통해 하나의 관료계급으로 정의될 수 있는 계층을 말한다.

54) Arnd Bauerkämper/ Jürgen Danyel/ Peter Hübner, Führungsgruppen und "Apparate" des SED-Regiems. Studien zur Sozialgeschichte der "Diktatur des Proletariats" in der SBZ/DDR. Vorüberlegungen zu einem Forschungsprojekt, Potsdamer Bulletin für Zeithistorische Studien, 1995, No. 4.

55) Thomas Lindenberger, "Projektvorstellung: Herrschaft und Eigen-Sinn in der Diktatur. Studien zur Gesellschaftsgeschichte in Berlin-Branden-burg 1945~1990", Potsdamer Bulletin für Zeithistorische Studien, 1995, No. 5.

56) Martin Sabrow, "Projektvorstellung : Geschichte als Herrschaftsdiskurs in der DDR. Institutionen, Leitbilder und Praktiken", Potsdamer Bulletin für Zeithistorische Studien, 1995, No. 5.

57) Sigrid Meuschel, Legitimation und Parteiherrschaft. Zum Paradox von Stabilität und Revolution in der DDR 1945~1989 (Frankfurt a. M. 1992).

58) 이에 대한 몇몇 논의는 Jürgen Kocka, "Ein deutscher Sonderweg.

90

Überlegungen zur Sozialgeschichte der DDR", APZ, Vol. 44, 1994, No. 40, pp. 34~45, 본문 내용은 pp. 42~43 참조.

59) Wolfgang Michalka/ Joachim Ehlert, "Das Militärgeschichtliche Forsch- ungsamt", Potsdamer Bulletin für Zeithistorische Studien, 1995, No. 3.

60) 지금까지 이 연구소가 기획한 '보고와 연구(Berichte und Studien)' 시리즈로 9권, '한나 아렌트 연구소 강연(Vorträge aus dem Hannah-Arendt-Institut)' 시리즈로 7권이 출판되었다. 뵐라우 (Böhlau) 출판사가 발행하는 '한나 아렌트 전체주의연구소 연구서 (Schriften des Hannah Arendt-Instituts für Totalitarismusforschung)' 총서 에는 현재 다음과 같은 저서들이 포함되어 있다. Alexander Fischer /Günter Heydemann, Die politische "Wende" in Sachsen. Rückblick und Zwischenbilanz (Weimar, 1995) ; Michael Richter/ Martin Rißmann (ed.), Die Ost-CDU. Beiträge zu ihrer Entstehung und Entwicklung (Weimar, 1995) ; Stefan Creuzberger, Die sowjetische Besatzungsmacht und das politische System der SBZ (Weimar, 1996) ; Michael Richter, Die Staatssicherheit im letzten Jahr der DDR (Weimar, 1996).

61) 이에 대해서는 1997년 4월 1일자 FAZ지에 실린 "Aufklärung wissenschaftlich nüchtern" 참조.

62) Hansjörg Geiger/ Heinz Klinghardt (ed.), Stasi-Unterlagen-Gesetz mit Erläuterungen für die Praxis (Köln, 1993), p. 149(제 37,5조).

63) "교육과 연구(BF)"부는 시리즈 A로 기록물을, 시리즈 B로 분석 논문과 보고서를 발행하고 있다. 또한 "교육과 연구부 제공 정보 (BF informiert)" 시리즈에서는 최근에 나온 좀더 소규모의 개별 연구성과들을 출판하고 있다. 이 출판물들은 소정의 보증수수료 를 내면 가욱 관청에서 직접 구입할 수 있다. 나아가 베를린에 있는 링크스 출판사(Links Verlag)는 이 부서의 작업을 통해 나온 연구성과물들을 "분석과 사료(Analysen und Dokumente)"라는 학술 총서로 출판하고 있는데, 지금까지 출판된 저서는 총 8권에 이

른다. Klaus-Dietmar Henke/ Roger Engelmann (ed.), Aktenlage. Die Bedeutung der Unterlagen des Staatssicherheitsdienstes für die Zeitgeschichtsforschung, 1995 ; Karl Wilhelm Fricke, Akten-Einsicht. Rekonstruktion einer politischen Verfolgung, 1995 ; Helmut Müller-Engbergs (ed.), Inoffizielle Mitarbeiter des Ministeriums für Staatssicherheit. Richtlinien und Duchführungsbestimmungen, 1996 ; Matthias Braun, Drama um eine Komödie. Das Ensemble von SED und Staatssicherheit, FDJ und Ministerium für Kultur gegen Heiner Müllers "Die Umsiedlerin oder das Leben auf dem Lande" im Oktober 1961, 1995 ; Siegfried Suckut (ed.), Das Wörterbuch der Staatssicherheit. Definitionen zur "politisch-operativen Arbeit", 1996 ; Joachim Walther, Sicherungsbereich Literatur. Schriftsteller und Staatssicherheit in der DDR, 1996 ; Clemens Vollnhals (ed.), Die Kirchenpolitik von SED und Staatssicherheit. Eine Zwischenbilanz, 1996 ; Siegfried Suckut, Walter Süß(ed.), Staatspartei und Staatssicherheit. Zum Verhältnis von SED und MfS, 1997. '교육과 연구' 부서의 활동에 대해서는 DA, Vol. 28, 1995, pp. 1000~1008 참조.

64) Klaus-Dietmar Henke et al. (ed.), Anatomie der Staatssicherheit. Geschichte, Struktur und Methoden. 총 32개에 달하는 기획서 가운데 현재 5권이 출판되었다.

65) Klaus Schroeder, "Einleitung: Die DDR als politische Gesellschaft", Klaus Schroeder (ed.), Geschichte und Transformation des SED-Staates. Beiträge und Analysen (Berlin, 1994), pp. 11~26, 본문 내용은 pp. 12 ~13 참조.

66) 위의 글, 13~14쪽.

67) (주 65에서) 인용된 저서에 대해 프리케(Karl Wilhlem Fricke)가 1995년 4월 26일자 FAZ지에 실은 서평과 같은 저서에 대한 마틴 자브로의 서평 Comparativ, Vol. 5, 1995, No. 2, pp. 150~155 참조.

그밖에 Gerd Wettig, "Mosaiksteinchen zu einem Bild der DDR-Vergangenheit", DA, Vol. 28, 1995, pp. 310~312 참조.

68) 연구소 내부용으로 간행되는 '통사당 국가 연구회 연구논문 (Arbeitspapiere des Forschungsverbundes SED-Staat)' 시리즈와 연구회가 발간하는 학술지 외에도 베를린 아카데미 출판사(Akademie Verlag)가 출판하는 '베를린 자유대학 부속 통사당 국가연구회 연구서(Studien des Forschungsverbundes SED-Staat an der Freien Universität Berlin)' 총서를 들 수 있는데, 지금까지 출판된 저서들은 다음과 같다. Jochen Staadt, Die geheime Westpolitik der SED 1960~1970, 1993 ; Klaus Schroeder (ed.), Geschichte und Transformation des SED-Staates, 1994 ; Peter Erler/ Horst Laude/ Manfred Wilke (ed.), "Nach Hitler kommen wir". Dokumente zur Programmatik der Moskauer KPD-Führung 1944/45 für Nachkriegsdeutschland, 1994 ; Michael Kubina/ Manfred Wilke, "Hart und kompromißlos durchgreifen!". Die SED contra Polen 1980/81. Geheimakten der SED-Führung über die Unterdrückung der polinischen Oppositionsbewegung, 1995 ; Walter Heering/ Klaus Schroeder, Transformationsprozesse in ostdeutschen Unternehmen. Akteursbezogene Studien zur ökonomischen und sozialen Entwicklung in den neuen Bundesländern, 1995 ; Martin Jander, Formierung und Krise der DDR-Opposition. Die "Initiative für unabhängige Gewerkschaften", 1996 ; Ludz Priess/ Vaclav Kural/ Manfred Wilke, Die SED und der "Prager Frühling" 1968. Politik gegen einen "Sozialismus mit menschlichem Antlitz", 1996 ; Hans-Peter Müller/ Manfred ·Wilke, Braunkohlepolitik der Steinkohlengewerkschaft. Industriepolitik und Industriegewerkschaft Bergbau und Energie im Vereinigungsprozeß 1990~1994, 1997 ; Martin Georg Goerner, Die Kirche als Problem der SED. Strukturen kommunistischer Herrschaftsausübung gegenüber der evangelischen Kirche 1945~1958, 1997.

69) 특히 Klaus Schroeder/ Jochen Staadt가 "Der diskrete Charme des Statusquo : DDR-Forschung der Ära der Entspannungspolitik", Leviathan, Vol. 21, 1993, pp. 24~63에서 피력한 비판과 Klaus Schroeder/Jochen Staadt, Die Kunst des Aussitzens, Klaus Schroeder(ed.), Geschichte und Transformation des SED-Staates, pp. 347~354를 예로 들 수 있다. 파울렌바흐(Bernd Faulenbach), 메켈(Markus Meckel), 베버(Hermann Weber)가 1994년에 출판한 독일 연방의회 조사위원회를 다룬 단행본에 대해 축구경기 보고서처럼 쓴 슈뢰더의 서평도 마찬가지 성격을 띠고 있다. 이 서평(Fröhliche Parteiwissenschaft. SPD-nahe Historiker kämpfen um das Interpretationsmonopol der DDR-Geschichte)」은 1995년 7월 22일자 FAZ지에 발표되었다.

70) 슈타트와 슈뢰더 대 페터 슈타인바흐(Peter Steinbach)와 위르겐 코카의 논쟁은 베를린의 오토-주어 연구소(Otto-Suhr-Institut)가 발행하는 신문 Osi-Zeitung(OZ) (1995. 7)에 실려 있다.

71) Bericht der Kommission zur Evaluierung des Forschungsverbundes SED-Staat an der Freien Universität Berlin (Karl Wilhelm Fricke/Hans Günther Hockerts/Wolfgang Schuller/Uwe Thaysen), 1997년 6월.

72) Klaus Schroeder/ Jochen Staadt, "Zeitgeschichte in Deutschland vor und nach 1989", APZ, 1997, No. 26, , pp. 15~29.

73) Zweite Satzung des Unabhängigen Historikerverbandes vom 26. 1. 1991, Eckert et al., Hure oder Muse?, p. 26.

74) 이에 대한 최초의 연구성과들은 Ulrike Poppe/Rainer Eckert/ Ilko-Sascha Kowalczuk (ed.), Zwischen Selbstbehauptung und Anpassung. Formen des Widerstandes und der Opposition in der DDR (Berlin, 1995) 에 수록되어 있다.

75) 주 27) 참조. 그밖에도 Rainer Eckert/Wolfgang Küttler/ Gustav Seeber (ed.), Krise-Umbruch-Neubeginn. Eine kritische und selbstkritische Dokumentation der DDR-Geschichtswissenschaft 1989/90 (Stuttgart,

1992) 참조. 수많은 개별 연구성과 외에 특히 Ilko-Sascha Kowalczuk, Legitimation eines neuen Staates. Parteiarbeiter an der historischen Front. Geschichtswissenschaft in der SBZ/DDR 1945~1961 (Berlin, 1997)을 대표적 예로 들 수 있다. "마니교식으로 선과 악" 으로 이분했던 연맹의 "엄격한 도덕적 논증"에 대한 비판은 Manfred Hettling, "Hure oder Muse, Beamter oder nicht?", Comparativ, Vol. 5, 1995, pp. 147~154 참조. 본문 내용은 p. 152.

76) 지금까지 "동독사 연구(Forschungen zur DDR-Geschichte)"(후에는 "동독사회 연구(Forschungen zur DDR-Gesellschaft)"라는 이름으로 바뀜) 총서로 출판된 저서들은 다음과 같다. Falco Werkentin, Politische Strafjustiz in der Ära Ulbricht (Berlin, 1995) ; Roland Berbig (ed.), In Sachen Biermann: Protokolle, Berichte und Briefe zu den Folgen einer Ausbürgerung (Berlin, 1994) ; Ilko-Sascha Kowalczuk/ Armin Mitter/ Stefan Wolle (ed.), Der Tag X-17. Juni 1953 : Die "innere Staatsgründung" der DDR als Ergebnis der Krise 1952/54 (Berlin, 1995) ; Inge Bennewitz/ Rainer Potratz, Zwangsaussiedlungen an der innerdeutschen Grenze: Analysen und Dokumente (Berlin, 1994) ; Rüdiger Wenzke, Die NVA und der Prager Frühling, Die Rolle Ulbrichts und der DDR-Streitkräfte bei der Niederschlagung der tschechoslowakischen Reformbewegung (Berlin, 1995) ; Poppe/Eckert/ Kowalczuk (ed.), Zwischen Selbstbehauptung und Anpassung. Formen des Widerstandes und der Opposition in der DDR(Berlin, 1995) ; Peter Wicke/ Lothar Müller (ed.), Rockmusik und Politik. Analysen, Interviews und Dokumente (Berlin, 1996) ; Guntolf Herzberg, Abhängigkeit und Verstrickung. Studien zur DDR-Philosophie (Berlin, 1996) ; Dominik Geppert, Störmanöver. Das "Manifest der Opposition" und die Schließung des Ost-Berliner "Spiegel"-Büros im Januar 1978 (Berlin, 1996) ; Ilko-Sascha Kowalczuk, Legitimation eines Staates. Parteiarbeiter

an der historischen Front. Geschichtswissenschaft der SBZ/DDR 1945 bis 1961 (Berlin, 1997).

77) 무엇보다 '헬레 판케(Helle Panke)'협회에 의해 출간된 'Hefte zur DDR-Geschichte'를 예로 들 수 있는데, 지금까지 총 40호가 발행되었다. 나아가 독일 연방의회 내 민사당/좌파 리스트(PDS/Linke Liste)가 독일 연방의회 조사위원회(Enquete-Kommission)에 맞서 기획한 시리즈 "Ansichten zur DDR-Geschichte", ed. by Dietmar Keller/ Hans Modrow/Herbert Wolf (Berlin, 1993~1995)도 언급할 만하다. 지금까지 이 시리즈로 총 5권이 발행되었다.

78) Rainer Eckert/Bernd Faulenbach (ed.), Halbherziger Revisionismus : Zum postkommunistischen Geschichtsbild (München, et al., 1996).

79) Tagung der Evangelischen Akademie Berlin-Brandenburg vom 2 bis 4. Mai 1997 : Archive in der Krise? Perspektiven für die Dokumente der DDR-Opposition. 전체 사립 문서고에 대한 정확한 개관은 아직까지 이루어지지 않고 있다. 이 가운데 가장 중요한 두 문서고의 소장자료와 출판물에 대한 정보는 Bernd Florath, "Die Archive des Robert-Havemann-Gesellschaft : Robert-Havemann-Archiv und Matthias-Domaschick-Archiv", Internationale Wissenschaftliche Korrespondenz zur Geschichte der Arbeiterbewegung (IWK), Vol. 32, 1996, pp. 535~538 에 수록되어 있다. 특히 과거 국가안전부가 동독 민권운동단체에 행사한 탄압에 대한 글과 더불어 동독지역 대학과 동독사 연구상황에 대한 최신 정보를 제공하는 잡지로는 Horch und Guck. Historisch-literarische Zeitschrift des Bürgerkommitees, 15. Januar(이 명칭은 동독시민들이 1990년 1월 15일 베를린의 국가안전부 본부를 점거한 것을 기리기 위한 것이다)를 들 수 있다. 이 잡지는 현재 20호까지 발행되었다.

80) "독일 연방공화국 역사의 전당(Haus der Geschichte der Bundes-republik Deutschland)" 재단의 라이프치히 프로젝트팀은 1997년 1

월 1일부터 라이너 엑커트(Rainer Eckert)가 이끌고 있다. 이에 대해서는 DA, Vol. 30, 1997, p. 329 참조.

81) Gerhard Besier/Stephan Wolf (ed.), "Pfarrer, Christen und Katholiken". Das Ministerium für Staatssicherheit der ehemaligen DDR und die Kirchen (Neukirchen-Vluyn, 1992). 이에 대한 교회측의 수많은 비판적 입장 표명에 대해서는 Die Zeichen der Zeit, Vol. 46, 1992, p. 97 이하와 교회 관련 연구성과들에 대해 댄(Horst Dähn)이 쓴 종합서평 "Kirchen und Kirchenpolitik in der SBZ/DDR", Jahrbuch für Historische Kommunismusforschung, 1994, p. 357 이하 참조. 한편 안셀름 되링-만토이펠(Anselm Doering-Manteuffel)은 기본적으로 방법론적 측면에 초점을 맞추어 현대 교회사 발전과정의 맥락에서 베지어에 대해 매우 상세하면서도 날카로운 비판을 개진했다. 이에 대해서는 Griff nach der Deutung. Bemerkungen des Historikers zu Gerhard Besiers Praxis der "kirchlichen Zeitgeschichte", Anselm Doering-Manteuffel/ Kurt Nowak (ed.), Kirchliche Zeitgeschichte. Urteilsbildung und Methoden (Stuttgart, 1996), pp. 79~89 참조. 이에 대한 베지어의 응수는 "'Methodological Correctness'. Anspruch und Wirklichkeit in der Wahrnehmung des sozialgeschichtlich orientierten Historikers Anselm Doering-Manteuffel", 같은 책, pp. 90~100 참조.

82) 젤프스트 출판사(Selbstverlag)가 펴내고 있는 "국가와 교회 비교 연구소 총서(Schriftenreihe des Insituts für vergleichende Staat-Kirche-Forschung)"로는 지금까지 3권의 소책자가 출판되었다. 1권 Säkularisierung in Ost und West (Berlin, 1995) ; 2권 Der Weg der katholischen Kirche in verschiedenen realsozialistischen Ländern 1945~ 1948/49 : ein historischer Vergleich (Berlin, 1995) ; 3권 Vorträge-Analysen-Diskussionen : 1994~1996 (Berlin, 1996).

83) 가장 최근에 나온 두 저서 Anke Silomon, Synode und SED-Staat. Die Synode des Bundes der Evangelischen Kirchen in der DDR in

Görlitz vom 18.~22. September 1987 (Göttingen, 1997)과 Peter Beier, Die "Sonderkonten Kirchenfragen". Sachleistungen und Geldzuwendungen an Pfarrer und kirchliche Mitarbeiter als Mittel der DDR-Kirchenpolitik (1955~1989/90) (Göttingen, 1997) 참조. 개신교 현대 교회사연구회 의『소식지(Mitteilungen)』 16호에는 특히 1989년부터 1995년 사이 에 출판된 현대 교회사에 대한 지역사적 연구문헌들이 상세하게 소개되어 있다.

84) 이 연구소에서는 두 종의 시리즈를 발간하고 있는데, 하나는 "자유독일청년단(Die Freie Deutsche Jugend. Editionen)"이고, 다른 하나는 "자유독일청년단. 한 대중조직의 역사 연구서(Die Freie Deutsche Jugend. Beiträge zur Geschichte einer Massenorganisationen)"이 다. 지금까지 각각 두 권의 저서가 출판되었다.

85) 주 21)을 참조하시오. 총 9권(각 권은 대부분 두 책으로 구성되 었다)에서 다루어진 주제들은 다음과 같다. ①독일 연방의회 조 사위원회(Enquete-Kommission), ②통사당 국가의 권력구조와 정책 결정 메커니즘 그리고 책임소재의 문제, ③동독의 국가와 사회 에서 이데올로기·통합요소·훈육의 역할과 의미, ④통사당 국 가의 법률, 사법, 경찰, ⑤독일정책, 동·서독 관계, 국제적 규정 조건, ⑥통사당 독재의 매 시기마다 교회의 역할과 자기이해, ⑦ 이탈적, 저항적 태도와 반체제행위의 가능성과 형식, 1989년 가 을의 평화혁명, 독일 통일 그리고 독재의 구조 및 메커니즘의 지 속적 영향력, ⑧국가안전부, ⑨독일의 두 독재와의 비판적 대면 의 형식과 목표. 보도매체 안에서 독일 연방의회 조사위원회의 활동을 둘러싸고 전개된 최근 논쟁에 대해서는 Wolfgang Herzberg, "Die Lebenslügen der Enquete-Kommission zur Überwindung der Folgen der SED-Diktatur, Wochenzeitung 'Freitag'(1997. 8. 8)"과 조사위원회 소속 두 전문가의 이에 대한 반박 글, Peter Maser의 "Offene Türen"과 Bernd Faulenbach의 "Vergleichende Perspektive",

Freitag(1997. 8. 15) 참조.

86) Text des Einsetzungsbeschlusses für den Bundestag, DA, Vol. 28, 1995, p. 878 이하 참조.

87) Hermann Weber, "Asymmetrie" bei der Erforschung des Kommunismus und der DDR-Geschichte? APZ, 1997, No. 26, pp. 3~14, 본문 내용은 p. 14.

88) Dietrich Geyer, Osteuropäische Geschichte und das Ende der kommunistischen Zeit (Heidelberg, 1996), p. 10.

89) 위의 책.

90) Jürgen Kocka, Ein deutscher Sonderweg, pp. 34~35.

91) Hermann Weber, "Asymmetrie", p. 8, 11. Dietrich Geyer도 Osteuropäische Geschichte, pp. 18~19에서 유사한 지적을 하고 있다. "다소 주목을 끄는 기록물의 발견이 내포하고 있는 인식의 가치에 대해서도 흔히 과도하게 기대를 건다. 주지하듯이 우리가 사료를 다룰 때는 꼼꼼한 사료비판만이 요구되는 것은 아니다. 기록된 것을 역사적 맥락 속에 자리매김하는 두뇌작업을 통해서만이 과거사를 설명할 수 있다."

92) 이와 관련해 참고할 수 있는 조사결과들은 Detlef Pollack, "Zum Stand der DDR"(주 43 참조)과 Günter Braun, "Die Geschichte der Sowjetischen Besatzungszone im Spiegel der Forschung. Eine Bestandsaufnahme der neueren Literatur", Jahrbuch für Historische Kommunismusforschung, 1995, pp. 275~305에 제시되어 있다.

93) Geyer, Osteuropäische Geschichte, p. 21.

94) Erker, Zeitgeschichte, p. 238.

95) 이에 대해서는 기본서에 해당하는 Peter Hübner, Konsens, Konflikt und Kompromiß(주 49) 참조. 나아가 앞으로 진행될 더 큰 규모의 연구프로젝트에 대한 전반적 설명은 Christoph Kleßmann, "Die 'verstaatlichte Arbeiterbewegung'. Überlegungen zur Sozialgeschichte

der Arbeiterschaft in der DDR", Karsten Rudolph/Christl Wickert (ed.), Geschichte als Möglichkeit. Festschrift für Helga Grebing (Essen, 1995), pp. 108~119 참조.

96) 이에 대한 수많은 연구성과들 가운데 여기서는 대표적으로 다음 문헌들만 소개한다. David Gill/Ulrich Schröter, Das Ministerium für Staatssicherheit (Berlin, 1991) ; Karl Wilhelm Fricke, MfS intern. Macht, Strukturen, Auflösung der DDR-Staatssicherheit (Köln, 1991) ; Bürgerkomitee Leipzig (ed.), Stasi intern. Macht und Banalität (Leipzig, 1992). 토론을 살펴보는 데 도움이 되는 저서로는 Klaus-Dietmar Henke (ed.), Wann bricht schon mal ein Staat zusammen! Die Debatte über die Stasi-Akten auf dem 39. Historikertag 1992 (München, 1993) 을 들 수 있다. 그밖에도 주 63) 참조. 동독 사법사에 대한 기본 서로는 Falco Werkentin, Politische Strafjustiz(주 76) 참조.

97) Norman Naimark, Die Russen in Deutschland. Die Sowjetische Besatzungszone 1945~1949 (Berlin, 1997), Chapter 7.

98) 주 81), 82) 참조. 여기서는 각 저서의 제목을 언급하는 대신 이에 관한 참고문헌을 종합적으로 제시한 책을 소개하기로 한다. Gert Kaiser/Ewald Frie (ed.), Christen, Staat und Gesellschaft in der DDR (Düsseldorf, 1995).

99) 이에 대한 내용은 Christoph Kleßmann, "Zur Sozialgeschichte des protestantischen Milieus in der DDR", GG, Vol. 19, 1993, pp. 29~53 참조.

100) 문화사에 대한 최근 논의에 대해서는 Ute Daniel, "'Kultur' und 'Gesellschaft'. Überlegungen zum Gegenstandsbereich der Sozialgeschichte", GG, Vol. 19, 1993, pp. 69~99 ; Wolfgang Hardtwig/Hans-Ulrich Wehler (ed.), Kulturgeschichte heute. 12 Beiträge (Göttingen, 1996)(Geschichte und Gesellschaft, Sonderheft 16) ; Ostdeutsche Kulturgeschichte. Mitteilungen aus der kulturwissen-

schaftlichen Forschung, Vol. 16, 1993, No. 33 참조. 그리고 Barack/
Langermann/Lokatis, "Jedes Buch ein Abenteuer."(주 49 참조)는 동독
을 대상으로 이 테마 영역을 연구하는 것이 얼마나 까다로우면
서도 유익한가를 보여준다.

101) 이에 대해서는 Ritter, Der Umbruch, p. 36 ; Wolfgang J.
Mommsen, "Die DDR in der deutschen Geschichte", APZ, 1993, No.
29~30, p. 28 참조. 특히 이러한 태도에 대한 신랄한 비판은 앞
에서 언급한 Staadt/ Schroeder의 논문 참조(주 69, 72).

102) 이에 대해서는 브란덴부르크주 정치교육센터의 위촉을 받아
쥘(Klaus Sühl)이 엮은 단행본 Vergangenheitsbewältigung 1945 und
1989. Ein unmöglicher Vergleich? (Berlin, 1994) 참조.

103) 위의 책 참조. 나아가 독재비교의 방법론적·내용적 문제들
에 대해서는 다음을 참조. Klaus Schönhoven, "Drittes Reich und
DDR. Probleme einer vergleichenden Analyse von deutschen Diktatur-
erfahrungen", Jahrbuch für Historische Kommunismusforschung (Berlin,
1995), pp. 189~200 ; Ritter, Der Umbruch, pp. 37 이하 ; Christoph
Kleßmann, "Zwei Diktaturen in Deutschland - Was kann die künftige
DDR-Forschung aus der Geschichtsschreibung zum Nationalsozialismus
lernen?", DA, Vol. 25, 1992, pp. 601~660.

104) Geyer, Osteuropäische Geschichte, p. 51.

105) 이에 대한 주목할만한 예는 폴란드에서 독일인 추방과 강제
이주에 대한 연구가 수정되기 시작했다는 것이다. 이에 대해서
는 Wlodzimierz Borodziej/Artur Hajnicz의 최종 보고서 "Der Komplex
der Vertreibung", Warschau, 1996. 12. 7. 참조.

106) 전체주의에 대한 논쟁은 여기서 상세하게 설명할 수 없다. 이
논쟁들의 논점과 이와 관련된 참고문헌은 대표적으로 Wolfgang-
Uwe Friedrich (ed.), Special Issue: Totalitäre Herrschaft - totalitäres Erbe,
Sonderheft der German Studies Review, 1994에 소개되어 있다. 예세

(Eckhard Jesse)는 그의 논문 "War die DDR totalitär?"(APZ, 1994, No. 40, pp. 12~23)에서 전체주의적 요소가 존속하고 있었지만 점차 권위주의적 요소 역시 동독체제를 규정지었다고 주장했다. 이에 대해 에크(Stephan Eck)가 행한 고무적인 비판은 Totalitarismus und die DDR, Die Neue Gesellschaft/Frankfurter Hefte, Vol. 41, 1994, pp. 724~729 참조.

107) Ludz, Parteielite 참조.

108) 다음 문헌들은 서로 다른 입장에서 접근했지만 유사한 결론을 도출하고 있다. Ralph Jessen, DDR-Geschichte und Totalitarismustheorie, Berliner Debatte Initial, 1995, No. 4/5, pp. 17~24; Norbert Kapferer, Der Totalitarismusbegriff auf dem Prüfstand. Ideengeschichtliche, komparatistische und politische Aspekte eines umstrittenen Terminus (Dresden, 1995).

109) Sigrid Meuschel, "Überlegungen zu einer Herrschafts- und Gesellschaftsgeschichte der DDR", GG, Vol. 19, 1993, pp. 5~14, 본문에 인용된 내용은 p. 5.

110) Ralph Jessen, "Die Gesellschaft im Staatssozialismus. Probleme einer Sozialgeschichte der DDR", GG, Vol. 21, 1995, pp. 96~110.

111) 자기고집은 다소 복잡한 개념이다. 이 개념은 무엇보다 동독 시민들이 흔히 통사당 정권의 '제안'이나 지배의 목적을 자신들의 방식대로 혹은 자신들의 이해관계에 맞게 바꾸려는 시도, 즉 원래 것에 다른 의미를 부여하려는 시도를 가리킨다. 이것은 저항일 수도 있고 지나친 이데올로기적 열성에서 비롯된 것일 수도 있다. 어떤 경우이든 이것은 통사당의 의도와 일치하지 않는다. 이로 인해 통사당의 전체주의적 지배의 시도는 뜻대로 이루어지지 않았고, 통사당 정권과 동독시민들 사이에는 새로운 형식의 타협이 이루어졌다. 예컨대 동독 근로자들의 생산공동체 (Brigade)는 원래 생산증대에 기여하도록 조직된 것이었지만 흔히

노동조합을 대신하여 근로자들의 이해관계를 적절하게 대변하는 기구로 이용되었다.

112) 린덴베르거(Thomas Lindenberger)가 이끄는 포츠담 현대사연구센터의 한 프로젝트팀은 뤼트케(Alf Lüdtke)가 발전시킨 '사회적 실행으로서 지배'라는 개념과 그가 정의한 '자기고집'이라는 개념을 토대로 하고 있다(주 55 참조). 이를 통해 '사회 전영역이 두루 지배된 사회'로서 동독에 제기되는 질문은 다양한 측면에서 설명될 수 있을 것이다(Jürgen Kocka, "eine durchherrschte Gesellschaft", Kaelbe/Kocka/Zwahr, Sozialgeschichte, p. 547 이하 참조). 그에 비해 Staadt/Schroeder(APZ, 1997, No. 26, p. 26, 28)처럼 정치사와 사회사의 연구수순을 명확히 하고, 어디까지나 '전체주의적 국가정당과 이 정당의 국가적·사회적 권력기구와 자원에 우선순위'를 두고, 그 다음에 독재의 한계 문제를 연구할 것을 요구하는 것은 방법론적으로 단순해 보인다. 또한 이것은 앞에서 파울 에르커가 비판한 정치사와 사회사의 분리를 의미한다는 점에서 비생산적이기도 하다.

113) Martin Broszat, "Plädoyer für eine Historisierung des Nationalsozialismus", Hermann Graml/Klaus-Dietmar Henke (ed.), Nach Hitler. Der schwierige Umgang mit unserer Geschichte. Beiträge von Martin Broszat (München, 1986), pp. 159~173.

114) Martin Broszat, "Eine Insel in der Geschichte? Der Historiker in der Spannung zwischen Verstehen und Bewerten der Hitler-Zeit", 위의 책, p. 120.

115) Armin Mitter/Stefan Wolle, Untergang auf Raten. Unbekannte Kapitel der DDR-Geschichte (München, 1993).

116) Mary Fullbrook, "Politik, Wissenschaft und Moral. Zur neueren Geschichte der DDR", GG, 22, 1996, pp. 458~471, 본문 내용은 p. 470 참조.

117) Niethammer/von Plato/Wierling, Die volkseigene Erfahrung ; Hartmut Zwahr, "Umbruch durch Ausbruch und Aufbruch. Die DDR auf dem Höhepunkt der Staatskrise 1989. Mit Exkursen zu Ausreise und Flucht sowie einer ostdeutschen Generationenübersicht", Kaelbe/Kocka/Zwahr (ed.), Sozialgeschichte, pp. 426~465, 특히 p. 447 이하.

118) Konrad H. Jarausch, "Die DDR denken. Narrative Strukturen und analystische Strategien", Berliner Debatte Initial, 1995, No. 4/5, pp. 9~16.

119) Ritter, Der Umbruch, p. 40.

120) 이러한 시각변화의 영향에 대해서는 Klaus Kellmann, "Deutsche Geschichte nach 1945. Neuerscheinungen vor, während und nach der Auflösung der DDR und der Vereinigung beider deutscher Staaten", GWU, Vol. 44, 1993, p. 243~269 참조.

121) Geyer, Osteuropäische Geschichte, p. 14.

122) Christoph Kleßmann/Bernd Stöver, "Die Deutschlandpolitik der Bundesregierung Adenauer und die politisch-parlamentarische Diskussion in dieser Zeit", Enquete-Kommission "Aufarbeitung von Geschichte und Folgen der SED-Diktatur in Deutschland", Vol. V/2 (Baden-Baden, 1995), pp. 1612~1635.

123) Timothy Garton Ash, Im Namen Europas. Deutschland und der geteilte Kontinent (München, 1993) ; Heinrich Potthoff, Die "Koalition der Vernunft". Deutschlandpolitik in den achtziger Jahren (München, 1995) ; Heinrich Potthoff, Bonn und Ost-Berlin 1969~1982. Dialog auf höchster Ebene und vertrauliche Kanäle. Darstellung und Dokumente (Bonn, 1997) (Archiv für Sozialgeschichte. Beiheft 18) 참조.

124) Christoph Kleßmann, "Verflechtung und Abgrenzung. Aspekte der geteilten und zusammengehörigen deutschen Nachkriegsgeschichte", APZ, 1993, No. 29~30, pp. 30~41 ; Peter Bender, Episode oder Epoche?

Zur Geschichte des geteilten Deutschlands (München, 1996) 참조.

125) 예를 들면 Danyel (ed.), Die geteilte Vergangenheit(주 49 참조) 참조.

126) Eric Hobsbawm, Das Zeitalter der Extreme. Weltgeschichte des 20. Jahrhunderts (München, 1995).

127) Klaus Tenfelde, "1914~1990 - Einheit der Epoche", APZ, 1991, No. 40, pp. 3~11 ; Karl-Heinz Janßen, "Rückblick auf das kurze Jahrhundert", Die Zeit, 1994. 1. 7. 참조.

128) "Geschichtswissenschaft und 'Vergangenheitsbewältigung' in Deutschland nach 1945 und nach 1980/90", GWU, Vol. 46, 1995, p. 202에서 Udo Wengst는 이를 언급했다.

129) Hockerts, Zeitgeschichte, pp. 18~19.

130) "Diktaturen im Europa des 20. Jahrhunderts. Ein neuer zeitgeschichtlicher Förderschwerpunkt", VfZ, Vol. 40, 1992, pp. 155~158.

131) Geyer, Osteuropäische Geschichte, p. 25.

132) Eberhard Jäckel, Das deutsche Jahrhundert. Eine historische Bilanz (Stuttgart, 1996).

133) 이는 클레스만과 라우체스(Peter Lautzes)가 엮어 독일 정치교육연방본부에 의해 2005년 초에 출판될 예정이다

134) Zeithistorische Forschungen, ed. by Konrad H. Jarausch und Christoph Kleßmann, Vol. 1, No. 1, pp. 10~30.

135) '강제추방된 독일인연맹' 간부들은 제2차 세계대전 후 독일인을 추방했던 폴란드와 화해하기를 계속 거부했다. 오데르-나이세 강을 경계로 제2차 세계대전 이후 조정된 폴란드와 독일 국경을 인정한 신동방정책도 강제추방된 독일인 단체들의 격렬한 항의와 반대를 겪은 후에 겨우 시행될 수 있었다. 1986년에도 이 단체들은 '슐레지엔은 우리 것'이라는 극단적 슬로건을 내세우고 있었다. 1990/91년의 조약들에 의해 독일의 동부국경은 현 상태

를 유지한다고 확정되었지만, 여전히 일부 독일인들은 재판을 통해 추방되기 전에 자신들이 소유했던 것을 되찾거나 그에 대한 보상을 받을 수 있으리라 믿고 있다. 이것이 바로 폴란드가 걱정하는 바이다. 이 문제는 베를린에 '강제추방반대센터'를 세우는 문제에 대한 논쟁과 관련이 있다. 원래 이 센터의 수립은 '강제추방된 독일인연맹' 의장인 에리카 슈타인바흐(Erika Steinbach)가 제안했다. 이에 대해 폴란드측은 베를린 대신에 브레슬라우를 추천했다. 왜냐하면 베를린에서 강제추방이 행해진 것이 아니기 때문에 베를린이 대표적 장소로 적합하지 않다고 보았기 때문이다. 그런데 폴란드와 체코인들이 염려하는 바는 단지 소유권 분쟁이 아니라 역사해석의 중점이동이기도 하다. 요컨대 이들의 입장에서 보면 베를린에 센터가 수립되는 것은 결국 강제추방으로 끝난 엄청난 재앙을 일으킨 장본인인 독일인들이 희생자를 자처하는 것이다. 이 논쟁은 소유권 문제로 인해 본질이 왜곡되고 자극적인 형태로 전개되고 있지만 논쟁의 성격은 사실 훨씬 더 복잡하다.

부록 1

크리스토프 클레스만 교수에게 듣는다

☑ 선생님은 독일 현대사학계를 대표하는 역사가입니다. 역사학자의 길로 들어서게 된 배경을 한국 독자들에게 좀 알려주시겠습니까?

－역사에 관심은 많았지만, 처음부터 역사가가 되려고 생각했던 것은 아닙니다. 나는 한 개신교 목사관에서 성장했습니다(부친이 개신교 목사였다－대담자). 아마 아버지는 내가 목사가 되기를 원하셨을 겁니다. 그러나 나는 역사에 대한 흥미와 더불어 성경 구절을 탈신화적으로 해석하는 데 기여했던 '역사신학'에 대한 관심이 컸기 때문에 그 길을 가지 않았습니다. 한때는 음악을 전공할 생각도 해보았지만, 지금 생각하면 다행스럽게도 그 길도 포기했지요. 안 그랬다면 아마 한 지방 오케스트라의 플루트 연주자로 활동했을 겁니다.

나는 1958년 괴팅엔 대학에서 역사와 독문학을 공부하기 시작했고, 이후에는 뮌헨 대학에서도 공부했습니다. 석사과정은 괴팅엔 대학에서 마쳤고, 박사과정도 여기서 시작했습니다. 원래는 '고대 그리스'에 상당한 매력을 느꼈기 때문에 고대사를 전공할 생각도 있었지요. 그럼에도 고대사를 전공하지 않은 것은 우연적인 계기들 때문이었습니다. 동유럽과 폴란드에 친척이 있었던 것도 아닌데 나는 일찍부터 이 지역에 관심이 많았습니다. 그런데 1962년에 나의 학문적 스승인 한스 루스(Hans Roos) 교수가 괴팅엔 대학으로 부임해 왔습니다. 그는 새로운 교수 방식으로 학생들을 특히 자신의 전공분야인 폴란드사에 열중하게 만들었습니다. 결국 나는 제2차 세계대전중 폴란드와 소련의 국경문제에 대한 외교협상에 관해 석사논문을 쓰게 되었지요. 또 1965년 괴팅엔 대학에서 시작하여 1969년 보쿰 대학에서 마친 박사학위 논문에서는 제2차 세계대전 기간중 독일의 폴란드 점령정책과 폴란드인의 반나치 저항운동을 다루었습니다. 첫번째 직업활동 역시 동유럽 및 동독과 관련되었지요. 1967년에서 1970년까지 나는 쾰른의 서독 '정치교육연방본부(Bundeszentrale für politische Bildung)' 동유럽분과에서 연구원으로 활동했습니다. 이곳에서는 독자적인 연구를 진행할 수 없었지만, 소련과 동유럽 공산주의 체제에 대해 많이 배울 수 있었습니다.

1970년에는 당시 가장 중요한 신설대학 가운데 하나였던 보쿰 대학 강사로 자리를 옮기게 되었습니다. 이곳에서 나는 「폴란드 이주민의 루르 지역으로의 이동(1870~1945)」이라는 주제로 교수 자격논문을 쓰는 한편, 강의를 통해 처음으로 동독과 서독의 역사적 발전과정을 심층적으로 다루게 되었습니다. 그러다 1976년 빌레펠트 대학에 현대사 담당 교수로 부임하게 되었고, 이후 이 문제들은 내 연구의 중심영역이 되었습니다. 사회사의 중심지라 할 수 있는 빌레펠트 대학에서 나는 정치사를 넘어 인식의 지평을 확대할 수 있었고, 이곳에서 전개된 숱한 이론적, 방법론적 토론을 통해 많은 것을 배웠습니다. 1992년에는 이곳 포츠담 대학으로 자리를 옮겨 과거 동·서 대립의 접점이라 할 수 있는 곳에서 동독사와 통일문제를 연구할 수 있는 아주 흥미로운 기회를 갖게 되었지요.

☑ 한국에서는 현대사 연구가 독일만큼 활성화되지 못한 상황입니다. 1980년대 중반까지도 20세기 후반의 역사는 역사학의 대상이 될 수 없다는 목소리가 높았습니다. 왜냐하면 역사학의 대상이 되기에는 시간적으로 너무 가깝다는 거였죠. 독일의 경우에도 이런 반대의 소리가 당연히 있었으리라 생각되는데, 그럼에도 불구하고 현대사 연구가 발전할 수 있었던 이유를 무엇이라고 보시는지요?

-최근의 과거는 시간적 간격이 충분하지 않기 때문에 학문적으로 진지하게 다룰 수 없다는 주장은 1950년대 서독에서도 널리 퍼져 있었습니다. 그러나 이 주장은 별로 영향력을 갖지 못했습니다. 왜냐하면 좌절된 바이마르공화국의 역사와 무엇보다 단지 12년간 지속된 '천년왕국'(히틀러가 주도했던 제3제국을 상징적으로 표현한 것임-대담자)의 역사를 기술하고 나치독재를 조명하라는 외국의 압력과 함께 독일인들도 이 문제에 대해 관심이 매우 높았기 때문입니다. 1952년에 창설된 뮌헨 현대사연구소는 이 과정에서 중요한 역할을 했습니다. 비록 많은 구나치 인사들이 이렇다할 처벌을 받지 않고 서독 사회로 복귀할 수 있었던 사실로 인해 정치적 스캔들도 많았고 '재나치화'라는 비난도 받았지만, 나치 과거에 대한 조명은 분명 서독 역사의 한 부분에 해당합니다. 처음에는 나치 과거를 밝히는 데 집중했지만 시간이 흐르면서 서독의 역사가들은 1945년 이후 독일사도 다루게 되었습니다.

☑ 역시 나치 과거가 현대사 발전의 중요한 계기가 되었군요. 이에

대해 두 가지 보충 질문을 드리고 싶습니다. 선생님은 전후 서독 현대사 연구의 발전과정에서 뮌헨 현대사연구소의 역할을 강조하셨는데, 이 점에 대해 좀더 구체적으로 언급해주셨으면 합니다. 또 하나는 역사가 논쟁 이래 에른스트 놀테(Ernst Nolte)에 의해 대변되는 독일의 보수주의세력이 나치 과거에 대한 비판적 성찰을 거두고 나치 과거를 긍정적으로 바라봐야 한다고 적극적으로 주장하고 있고, 나치범죄를 상대화하려는 시도 또한 행해지고 있는데 이러한 보수적 사가들의 주장에 대해 어떻게 생각하시는지요?

─우선 첫번째 질문에 대해 답하자면 연방과 주 차원에서 재정지원을 받았던 뮌헨 현대사연구소는 나치즘에 대한 많은 연구성과를 냈고 연구에 필요한 자료집도 출판했습니다. '소극적 저항(Resistenz)'과 '나치즘의 역사화' 같은 방법론적, 역사이론적 측면에서 중요한 논쟁들도 (당시 마틴 브로스차트가 이끌었던) 이 연구소에서 시작되었습니다. 그뿐 아니라 이 연구소는 주요 나치범죄 관련 재판에 필요한 수많은 전문 소견서도 작성했지요. 즉 연구소의 연구성과는 실용적으로도 유익하게 이용될 수 있었습니다. 이로 볼 때 현대사 연구의 발전에서 뮌헨 현대사연구소의 역할은 충분히 강조될만합니다.

1986/87년에 전개된 역사가 논쟁은 엄밀히 말하자면 학문적 연구에 관계된 것이 아닙니다. 실제로 이 논쟁을 통해 나치역사에 대해 새롭게 밝혀진 사실도 없습니다. 역사가 논쟁은 철저한 보수주의 역사가 에른스트 놀테의 도발적 논문이 계기가 되어 수많은 역사가들이 참여하게 된 역사문화(Geschichtskultur)에 대한 공

개적 논쟁이었습니다. 이 논쟁에서는 다양한 입장이 표방되었지만, 내가 보기에 보수주의자들의 입장은 우세하지 못했습니다.

놀테의 주장에 대해 개인적인 견해를 밝히자면, 우선 볼세비키 범죄와 나치 범죄를 같은 선상에서 비교하는 것은 문제가 있다고 생각합니다. 놀테는 시기적으로 먼저 수립된 소련의 굴락(GULAG)이 아우슈비츠의 근원이었다는 것을 강조했지요. 이는 다시 말하면 나치의 대두는 볼세비키의 위협에 대한 (충분히 이해할만한) 반응이었고, '계급전쟁(Klassenkrieg)'이 '인종전쟁(Rassen-krieg)'을 야기한 원천이었다는 것입니다. 이런 주장을 통해 놀테는 바로 히틀러의 유태인 학살과 볼세비키 정책 사이에 결코 설득력을 가질 수 없는 인과관계를 엮어냈습니다. 비록 놀테는 결코 인정하려 들지 않지만, 이러한 인과관계의 구도는 불가피하게 나치 범죄와 홀로코스트의 특수성을 상대화시킨다는 문제를 안고 있습니다. 이에 따라 역사가 논쟁은 결국 학문적 논쟁이 아니라 정치적 논쟁으로 끝을 맺었습니다.

☑ 1989년 이전에는 전후사를 전독일사의 관점에서 서술하려는 역사가가 서독에서도 동독에서도 드물었습니다. 이 점에서 동독과 서독을 함께 다룬 전후 독일사에 대한 선생님의 두 저서 『두 개의 국가건설. 독일사 1945~1955(Die doppelte Staatsgründung. Deutsche Ge-schichte 1945~1955)』, 『두 개의 국가 하나의 민족. 독일사 1955~1970 (Zwei Staaten, eine Nation. Deutsche Geschichte 1955~1970)』는 큰 의미를 갖는다고 생각합니다. 선생님은 어떤 동기로 이런 접근방식에 따라 전후사를 저술하게 되셨고, 이 책이 출판되었을 때 반응이 어떠했

는지 말씀해 주십시오.

─제2차 세계대전 후에 시행된 연합국의 점령통치와 동·서독의 초기 역사에 대해 연구하면 할수록 점점 더 양국의 내적 상호 관련성에 흥미를 갖게 되더군요. 게다가 사회사적 관점에서 볼 때 종전 직후 몇 년간은 패전과 나치 붕괴에 따른 파국으로 인해 양국이 당면하고 있었던 공동의 문제상황이 양측의 정치적 차이를 훨씬 압도했습니다. 그 때문에 나는 처음부터 동·서독사를 분리해서 서술하는 것은 옳지 못하다고 생각했습니다. 물론 분단이 고착화되는 1960년대 이후부터는 이러한 관점에서 전후사를 서술하는 것이 어려워집니다. 그리고 양 독일국가의 역사를 아우르는 통일적 시대구분은 아직도 가능하지 않은 상황입니다. 그럼에도 불구하고 1960년대에 양국이 모두 근대화를 천명한 것과 같이 양 독일국가를 공통으로 아우르는 문제들은 있었습니다. 이에 따라 '병렬적 역사서술'이 양국의 분리적 측면과 상호 연관성을 가장 빨리 밝혀낼 수 있는 길이라고 생각했습니다. 이것이 내 책이 나오게 된 배경입니다.

저자인 내가 스스로 책에 대해 평가하는 것은 좀 쑥스러운 일입니다만, 그래도 답변을 드려야겠지요? 1980년대 초에 출판된 이 책들은 당시 독일에서 굉장히 호평받았습니다. 당시 서독에서는 역사가와 정치가들이 각각 서독 전문가, 동독 전문가로 나뉘는 것이 일반적이었는데, 내 책에서는 양국을 함께 다루었으니 그 점에서 아주 새롭다는 것이 호평의 주된 이유였지요. 비록 지금도 여전히 충분히 연구로 구현되고 있지는 못하지만, 동·서독의 역사를 상호 연관성을 가진 병렬적 역사로 파악하고 서술하고자 했던 나의 시각은 1990년 이후 확실히 인정을 받았고, 이 관점에 입각한 연구들이 계속되고 있습니다.

또한 방법론적으로 기존의 연구경향과 차별되는 시도를 보여준 것도 호평의 이유였다고 생각합니다. 거론하신 두 권의 책을 서술하면서는 정치사적 접근만 시도한 것이 아니라, 다른 역사가들에 비해 훨씬 더 적극적으로 사회사, 일상사, 문화사적 방법론을 수용했지요. 책 내용이 이해하기 쉬운데다가 독일 정치교육연방본부가 내 책들을 널리 유포해준 덕분에[1] 내 책은 학자들의 책상에만 머물러있지 않고 고등학생에서 대학교수에 이르는 광범한 독자층에 읽히게 되었습니다. 이것은 나로서는 더할 나위 없는 기쁨이지요.

☒ 현재 동독사 연구를 위한 제반 여건은 매우 좋은 상황입니다. 그러나 통일 이전에는 동독의 문서고를 이용하기 어려웠고, 그래서 서독의 동독 연구는 충분한 사료분석을 통해 진행되기 어려웠다고 생각합니다. 선생님의 두 저서도 이런 상황에서 출판되었는데, 동독을 연구했던 서독의 연구자들은 어떻게 이런 어려움을 극복할 수 있었는지요?.

---

1) 독일은 독일인들의 정치교육에 필요하다고 생각되는 다양한 장르의 책들을 연방이나 주 차원에서 무료 혹은 거의 무료에 가까운 가격으로 배포하고 있다. 클레스만 교수의 전후 독일사 개설서 두 권도 이 목록에 포함되어 있다. ─대담자

－분단시기에 동독 정권은 서독의 연구자들에게 문서고 이용을 허용하지 않았습니다. 그 때문에 동독 연구는 당연히 제약을 받을 수밖에 없었지요. 그러나 과거의 연구여건은 1990년 이후에 흔히 지적하는 것만큼 그렇게 나쁘지는 않았습니다. 서독의 동독 연구자들은 출판된 사료들에서 비판적이고 현실에 부합하는 모습을 그려낼 수 있는 정교한 도구를 발전시켰습니다. 예컨대『독일 아카이브』의 전신인 월간 학술지『소련 점령지역 아카이브(SBZ-Archiv)』에 나타나듯이, 서독의 저널리스트와 학자들의 동독에 대한 관찰은 매우 강도 높게 수행되었습니다. 또한 서독에는 동독에서 넘어온 수많은 동독인들이 존재하고 있었는데 이들이 일종의 정보출처 역할을 했습니다. 따라서 전거(典據)가 있는 연구를 할 수 있는 여건이 그래도 좋았던 편이지요. 이 점에서 한국과 독일의 상황은 확실히 다르다고 볼 수 있을 겁니다. 1990년 이후 개방된 문서고 자료를 이용한 동독사 연구성과들이 많이 나왔지만, 그동안 동독을 연구해온 사람들이 보기에 그것들은 흔히 주장되는 것처럼 결코 완전히 새로운 내용들이 아닙니다. 따라서 통일 후 동독사 연구는 결코 원점에서 시작했다고 볼 수 없습니다.

☑ 선생님의 말씀에 따르면, 과거 동독을 연구했던 서독의 연구자들이 동독의 문서고를 이용할 수 없었지만 연구에 별 어려움이 없었던 것으로 보이는군요. 이는 곧 연구에 필요한 자료를 다른 방법으로 구할 수 있었다는 말씀이신데, 그러한 자료와 정보들은 기본적으로 어떤 경로를 통해 입수할 수 있었는지요? 한국의 경우 과거에 남·

북한 사이에 교류가 없었기 때문에 남한 학자들의 북한 연구는 주로 외국 문헌에 의존했고, 무척 빈약했습니다. 또한 북한 서적을 보는 것도 법적으로 금지되어 있었지요. 최근에 들어서야 북한 연구가 본 격화되고 있는 실정인 우리의 상황은 독일과 무척 다릅니다.

—사실 정보획득의 측면에서 볼 때 분단 독일과 한국의 상황 은 비교가 불가능할 정도로 다릅니다. 서독 연구자들은 동독에 대한 엄청난 양의 자료를 구할 수 있었습니다. 이에 대해서는 설 명할 내용이 무척 많지만, 정보의 출처를 대략 세 가지 범주로 구분지어 말씀드리겠습니다. 첫째, 동독은 북한과 달리 완전히 폐쇄적이지 않았습니다. 동독은 서독의 정치에 대해 항상 반응 을 보였고 동독인들은 나중에는 TV를 통해 서독에 대한 정보를 얻을 수 있었습니다. 동독에 대한 정보는 일차적으로 통사당이 경제와 작업장 혹은 문화 부분에서 나타나는 문제들에 대해 제 한적이었지만, 공개적으로 행한 자기비판적 보도를 통해 얻을 수 있었습니다. 또한 남한의 상황과 달리 서독의 연구자들은 동 독에서 출판된 자료들을 보고 연구에 이용하는 데 별로 어려움 이 없었습니다.

둘째, 특히 1961년 베를린 장벽이 축조되기 전까지는 많은 자 료수집 통로가 있었습니다. 예컨대 서독 정당들이 동독에 지부 를 두고 있었기 때문에 이들에게서 정보를 얻을 수 있었습니다. 수많은 동독이탈자들 역시 정보를 제공해주었습니다. 그리고 1960년대 동독에서는 경험적 사회학이 주류를 이루었는데, 그 성과물들도 중요한 자료 역할을 했습니다. 비록 당시 동독의 사회학자들이 연구를 전적으로 자유롭게 수행할 수 있었던 것은 아니지만 최소한 특정 문제에 대해 이들이 수행한 경험적 연구의 결과물들은 이용할 수 있었습니다.

셋째, 주지하듯이 1972년에 기본조약이 체결됨에 따라 동·서독의 교류가 활발해졌습니다. 이에 따라 서독 언론인들은 동독에 상주하면서 동독 사회를 관찰하고 동독에 관해 보도할 수 있었습니다. 또한 동·서독 관계 정상화로 인해 양국의 은퇴한 연금생활자들이 상호 방문할 수 있었을 뿐 아니라 정치, 경제, 문화 등 다양한 영역에서 양국 독일인들의 교류가 가능해졌습니다. 로버트 하베만(Robert Havemann) 같은 동독의 유명한 반체제인사도 종종 제3자를 통해 서독 언론에 글을 기고하기도 했습니다. 이러한 경로들로 인해 분단상황에서도 우리는 동독에 대한 정보와 자료를 얻을 수 있었습니다.

호네커 정권은 당연히 불안감과 위기의식을 느꼈지만, 이러한 상황을 용인할 수밖에 없었습니다. 무엇보다 1975년에 개최된 유럽안보협력회의(KSZE) 회원국이 된 동독 정권으로서는 반체제인사들의 서독과의 교류를 완전히 금지할 수 없었습니다. 이 국제기구는 인권보장을 강조한 최종 의정서를 채택했는데, 회원국인 동독도 이에 서명했습니다. 이에 따라 동독 정권은 국제사회에서 동독의 이미지를 실추시키지 않기 위해 직접적 억압을 자제할 수밖에 없었던 거지요. 또한 동독 정권은 서독에 경제적으로 의존해야 했기 때문에 동·서독인들 간의 교류를 일련의 양보로서 허용할 수밖에 없었던 겁니다. 이런 맥락에서 볼 때 북한과 교류가 거의 없었고, 이에 따라 북한에 대한 자료를 확보하기 어려웠던 남한과 서독의 상황은 분명히 상당한 차이가 있습니다.

☑ 선생님은 통일 후 문서고 자료를 토대로 수행된 연구결과들이 동독사 연구자들에게는 새로운 것이 아니었다고 말씀하셨습니다. 물론 이 지적이 말 그대로 새로운 사실이 전혀 발견되지 않았다는 뜻은 아닐 겁니다. 통일 후 문서고 자료 개방 이후에 새로 밝혀진 중요한 사실이나 해석의 변화가 있다면 어떤 것을 예로 들 수 있을지요?

─내가 다소 논쟁적으로 그렇게 말한 것은, 소위 새로운 사실이라고 표방된 것 모두가 1990년 이후에 새롭게 밝혀진 것은 아니고, 동독 연구 역시 1990년에 시작된 것이 아니라는 사실을 강조하기 위해서였습니다. 당연히 동독 문서고가 개방되면서 동독의 지배구조, 통사당 정권이 행사한 억압의 양식, 동독의 정책결정과정, 경제적·정치적 문제들 그리고 공산주의 독재가 일상에서 어떻게 기능했는가에 관한 지식은 엄청나게 증대되었습니다. 대표적인 예로 동독 국가안전부의 역할을 들 수 있습니다. 통일 이전에도 국가안전부가 중요한 정치적 요소라는 것은 알았지만, 아무도 ─ 심지어 동독인들조차 ─ 국가안전부의 양적 팽창 정도와 이 기관이 "비공식 정보원(IM)"을 이용해 동독 사회 전영역에 걸쳐 정보를 샅샅이 수집하고 상상을 초월하는 방식으로 동독인들을 억압하고 감시했다는 사실은 알지 못했습니다. 이에 따라 국가안전부에 대해 올바른 평가를 내리지 못했지요. 그러

나 통일 이후 문서고 자료를 통해 과거에 알지 못했던 이러한 세부사실들이 밝혀졌습니다.

▨ 한국의 경우 최근에야 남북간 학자들의 교류가 시작되었습니다. 통일 이전 동·서독 역사가들 간의 학문적 교류는 어떤 방법으로, 또 어느 정도 선에서 이루어졌는지요? 그리고 이러한 교류가 동독 연구에 도움이 되었는지 알고 싶습니다.

－동·서독 학자들간 교류는 베를린 장벽이 축조된 직후 몇 년간을 제외하고는 거의 전시기 내내 가능했습니다. 물론 1970년대 특히 1980년대 이래 양국의 역사가들은 국내외적 학술대회를 통해 더 빈번히 만날 수 있었습니다. 그러나 동독측은 항상 이데올로기적으로 확실한 체제 신봉자들을 보냈기 때문에 학문적으로 생산적인 토론은 어려웠지요. 그렇기 때문에 이런 만남이 서독 연구자들에게 미친 영향은 그리 크지 못했다고 봅니다. 오히려 이러한 교류가 동독측에는 일종의 압력이 된 측면이 있다고 생각합니다. 동독도 국제적으로 웃음거리가 되지 않기 위해 더이상 유치한 이데올로기적 선전문구만을 되풀이할 수 없었기 때문입니다. 이에 따라 동독 역사학 내부에서도 전문화와 세부 연구가 시작되었습니다. 이는 특히 반나치 저항문제에 대한 역사서술을 통해 확인할 수 있습니다. 물론 이러한 경향이 모든 연구주제에 해당되는 것은 아닙니다. 1953년 동독에서 거의 전국적 차원으로 전개된 노동자 봉기 같은 민감한 문제에 대한 다각적인 해석은 여전히 금기시되었습니다.

☒ 선생님은 1989년 이전에 동독 출신 연구자들과 만나 학문적으로 토론한 경험이 있으신지요? 우리의 경우 이는 최근까지도 감히 상상도 할 수 없었습니다. 만약 이런 기회가 있으셨다면 개인적 경험을 좀 들려주시겠습니까? 어떤 기회에 동독 학자들을 만날 수 있었고, 어느 정도까지 생산적인 대화를 할 수 있었는지 궁금합니다.

ㅡ그 질문에 대한 답으로는 두 가지 흥미로운 예를 들고자 합니다. 물론 내가 직접 경험한 일입니다. 1984년 셸린(Sellin)/뤼겐(Rügen)에서 열린 한 학술대회에 참여한 하겐 대학의 루츠 니이트함머(Lutz Niethammer)와 동베를린 중앙역사연구소 소속의 올라프 그로엘러(Olaf Groehler)는 양국 현대사 연구자들이 참여하는 일련의 좌담회를 개최하기로 합의했습니다. 이 좌담회는 제2차 세계대전 직후 시기에 관계되는 일련의 문제들에 대해 허심탄회하게 토론할 수 있는 계기를 만든다는 취지로 열렸습니다. 1988년까지 동독과 서독에서 각각 두 차례씩 총 4회의 만남이 이루어졌고, 매번 양측에서 각각 15명 정도의 역사가들이 참여했습니다. 흔히 이러한 만남에 대해 통사당 지도부가 갖고 있었던 불안감을 고려할 때 이 좌담회가 개최되고 또 여기서 1945년 이후 전후사에 대해 논의할 수 있었다는 것은 주목할만한 점입니다.

통일 이후 개방된 공문서를 통해 한참 후에야 알았지만, 당시 통사당 정권이 이 좌담회에 대해 품었던 의구심과 이를 지연시키기 위해 시행한 각종 조치들을 보면 그로테스크하기까지 하더군요. 그러나 사실 당시 좌담회의 결과는 실망스러웠습니다. 통사당 정권이 전후사 토론의 범위를 너무 엄격하게 규정했기 때문에 별다른 결과를 기대할 수 없었고, 결국 서독 역사가들은 좌담회를 계속하기를 포기하기에 이르렀습니다.

이에 비해 1987년 여름 빌레펠트 대학 학생들과 함께 라이프치히로 답사를 간 일은 훨씬 흥미로웠습니다. 우리는 그곳에서 베르너 브람케(Werner Bramke) 교수, 라이프치히 대학 학생들과 만나 파시즘에 대한 저항을 주제로 토론할 기회를 가질 수 있었습니다. 이런 이례적인 방문 여행은 1986년 동·서독 문화협정2) 이 체결되었기에 가능한 일이었지요. 물론 방문에는 여러가지 애로사항도 있었지만, 양측 학생들이 만남에 상당히 호의적이었고 토론도 비교적 객관적이고 생산적으로 전개되었습니다. 공식 방문 행사에서 가진 발표와 토론은 개방적이었고 상당히 날카롭게 이루어졌습니다.

그러나 이 만남이 끝난 후 통사당은 브람케 교수의 당원자격을 박탈했습니다. 우리의 라이프치히 체류를 감시했던 국가안전부 비공식 정보원이 우리와의 협력이 바람직하지 않다는 내용의 보고서를 제출했던 겁니다. 결론적으로 스탈린주의자들은 동·서독이 가까워지는 것을 위험하게 여긴 거지요.

▨ 선생님은 분단시대를 살았고, 분단시기 동·서독 역사학의 발전과정을 직접 관찰할 수 있었습니다. 분단이 동·서독 역사학에 미친 영향을 어떻게 보시는지요?

---

2) 이 협정은 동·서독의 학술, 교육, 언론 교류를 확대한다는 것을 핵심 내용으로 담고 있다.—대담자

－냉전의 조류 속에서 독일을 분단에 이르게 한 구체적인 원인을 탐구하는 것은 양 독일국가에서 역사학의 주요 연구주제였습니다. 그런데 내가 관찰한 바로는 두 독일국가의 존재가 점차 당연시되면서 분단 자체와 분단이 야기한 결과에 대한 관심이 축소되어 갔음에 비해 서독에서 정치학자, 사회학자, 역사가들의 동독에 대한 학문적 연구는 더 확대되었습니다.

▨ 1989년의 대변혁과 독일 통일은 마치 한 편의 드라마와 같았지요. 이는 외국인인 저에게도 결코 잊지 못할 대사건이었습니다. 분단국가에 속한 저는 이 모든 과정에 특별한 관심을 갖고 눈여겨보았고, 결국 동독사 연구에 발을 들여놓게 되었습니다. 평범한 독일인으로서 그리고 현대사가로서 선생님은 이 과정을 어떤 느낌과 생각으로 바라보셨는지 궁금합니다.

－나는 1989년 11월 9일 베를린 장벽이 개방되는 것을 빌레펠트에서 TV를 통해 알았습니다. 당시에는 그러한 변화가 가져올 파장을 명확하게 판단할 수 없었습니다. 특히 나는 10월 9일 라이프치히에서 평화적으로 전개된 월요데모를 동독 내적 발전의 돌발사태로 여겼습니다. 이런 맥락에서 1989년의 정치적 대변혁은 '10월 혁명'이라고 부를 수 있습니다. 이후 시간이 가면서 상황은 걷잡을 수 없이 긴박해졌습니다. 그러나 당시 나는 소련이 동독을 완전히 놓아주고 통일이 그토록 빨리 이루어지리라고는 생각하지 못했습니다. 정말로 예상치 못한 격변이었습니다.
1989년 여름 라이프치히 대학의 베르너 브람케 교수가 빌레펠트 대학에 객원교수로 왔고, 1990년 4월에는 내가 라이프치히 대학에 객원교수로 가게 되었습니다. 아직 통일되기 이전 시점에 동독 지역에 머물며 나는 화폐통합에서 통일조약 조인에 이르는 급격하고도 혼란스러운 변화의 과정을 직접 지켜볼 수 있었습니다. 그 시기에 내가 받은 인상을 주간지 『보헨차이퉁(Wochen-zeitung)』(1990년 9월 14일자)에 발표하기도 했지요.

☑ 한국 독자들을 위해 라이프치히에서 직접 목격하신 그 혼란스러운 변화의 과정에 대해 좀더 자세히 말씀해 주시겠습니까?

−1990년 라이프치히에서 객원교수로 보낸 시간 동안 받았던 인상을 간단하게 몇 마디로 요약하는 것은 어려운 일입니다만, 동독이 아직 존재하던 시기에 동독 지역에서 부분적으로 목격하고 경험한 것을 몇 가지만 말씀드리겠습니다. 당시 동독의 수퍼마켓에 가보니 동독에서 제조된 요구르트는 맛도 좋았고 먹은 후 용기가 재활용될 수 있도록 병에 담겨져 있었습니다. 그런데 동독사람들은 플라스틱 용기에 포장된 서독제 요구르트를 많이 사더군요. 과거 동독인들은 서독제 요구르트를 접하기 매우 어려웠거든요. 그런가하면 서독 신문들도 자유롭게 보급되었고 통사당 정권 통제하에 있던 기존의 동독 신문들과는 다른 새로운 신문들도 창간되었습니다. 또한 동독의 뉴스방송인 <시사 카메라>는 이전과 달리 비판적 내용을 보도하고 있었고, 서독의 뉴스프로그램도 자유롭게 시청할 수 있었습니다.

그러나 나는 동독 사람들이 새로 얻게 된 이러한 자유에 대해 기뻐하면서도, 다른 한편으로는 앞으로 사회제도가 어떻게 변할 것인지, 대학의 운영이나 화폐통합이 어떻게 시행될 것인지 등 앞날에 대해 상당히 불안감을 갖고 있다는 것을 감지할 수 있었습니다. 원래 동·서독의 국가적 통일은 충분한 이행기를 거친 후에 시행될 것이라고 예상했지요. 그러나 아무도 1989년 가을의 정치적 대변혁 이후 정치적 결정과정을 제대로 조종할 수 없었기 때문에 통일 시기는 점점 더 앞당겨지게 되었습니다.

또한 나는 통일 전에 이미 시행된 화폐통합으로 인해 동독의 산업구조가 모두 붕괴되는 조짐을 목격하기도 했습니다. 너무 늦기는 했지만, 동독의 대학과 역사학계에서도 앞으로 건설되어야 할 민주적 사회구조의 방향에 대해 활발하게 논의했고, 과거사에 대한 새로운 해석이 적극적으로 시도되었습니다. 예컨대 1953년 노동자 봉기에 대한 통사당 정권의 억지스러운 해석[3]에 대한 비판적 재해석도 시도되었습니다. 나는 동독인들이 빨리 통일되지 않으면 소련이 다시 모든 것을 되돌려놓을 것이라는 두려움을 갖고 있다는 것도 확인할 수 있었습니다. 요컨대 통일 직전 라이프치히에서 내가 직접 목격한 것들은 미래가 어떻게 전개될 것인지 제대로 인식하지 못하면서도 기존의 모든 것을

---

3) 1953년의 노동자 봉기는 사회주의 변혁과정에서 노동자들에게 가해진 노동부담과 경제적 궁핍에 대한 불만으로 야기된 것이었다. 그럼에도 불구하고 동독 정권은 이러한 내적 원인을 부정하고 오로지 노동자 봉기가 서독의 막후 조종자들과 파시스트 선동가들에 의해 야기된 전복의 시도라고 규정했다. ─ 대담자.

정지시키는 일종의 대변혁의 단상이었습니다.

☑ 기왕 통일에 대한 이야기가 나왔으니 독일 통일에 대한 선생님의 견해를 알고 싶습니다. 1990년 10월 3일 독일 통일이 공식적으로 선포되었는데 당시 어떤 심정으로 이 날을 맞으셨는지요? 그리고 독일의 통일방식이 과연 옳았는지, 만약 다른 방식으로 통일될 수 있었다면 어떤 대안이 있을 수 있다고 생각하시는지요? 그리고 통일이 된 지도 벌써 10년이 훨씬 지났는데 내적 통일은 어느 정도 진척되었다고 보시는지요?

-공식적으로 통일이 선포된 10월 3일에 대해 특별히 기억나는 것은 없군요. 그날 우리 부부는 빌레펠트에 거주하는 폴란드 친구들의 초대를 받아 그들과 함께 지냈습니다. 물론 TV로 통일을 기념하는 행사들을 보았지요. 그 행사들은 비교적 조용하게 진행되었습니다. 나 역시도 이것이 바람직하다고 생각했습니다. 수개월에 걸쳐 많은 난항을 겪으면서 통일 협상을 겨우 매듭지은 상황에서 애국주의를 내세우며 떠들썩하게 통일기념 행사를 하기보다는 모든 것이 차분하게 진행되는 것이 낫다고 생각했기 때문입니다. 물론 우리는 통일에 대해 매우 기뻐했지요. 그러나 다른 한편으로 통일로 인해 독일이 여러 문제들에 직면하게 될 것이라는 것도 알고 있었습니다. 이 점 역시 10월 3일을 들뜬 마음으로만 맞을 수 없었던 이유일 것입니다.

독일 통일의 방식이 과연 옳았는가라는 질문에 답하는 것은 어려운 일입니다. 나는 통일이 더 천천히, 더 오랜 과도기를 거친 후에 이루어지길 원했습니다. 서독의 콜(Helmut Kohl) 총리도 원래는 이런 입장이었지만, 당시 상황이 통일협상을 급속도로 진행되도록 만들었습니다. 무엇보다 대다수 동독인들은 신속한 통일을 원했지요. 이는 특히 기회가 왔을 때 통일하지 않으면 소련이 모든 것을 원상태로 돌려놓을 것이라는 두려움 때문이었습니다. 1991년 8월 소련에서 일어난 반고르바초프 쿠데타는 이러한 우려가 현실성을 갖고 있었다는 것을 보여주었습니다. 이처럼 점진적 통일의 당위성과 당시 상황 간의 딜레마를 고려할 때 1990년의 통일방식은 옳다, 그르다로 단순하게 규정짓기 어렵습니다.

통일과정을 바라보면서 나는 성급한 화폐통합과 동독의 서독으로의 흡수에 대한 대안을 충분히 찾을 수 있다고 생각했지만, 대부분의 정치가들은 이에 관심이 없었습니다. 이 때문에 1990년에는 대안이 모색되지 않았습니다. 만약 한스 모드로(Hans Modrow) 같은 온건한 개혁주의자가 1980년대 동독의 정치를 이끌었다면 독일은 1990년과 전혀 다른 방식으로, 그리고 서두르지 않고 통일을 이룰 수도 있었으리라 생각합니다. 물론 이것은 동독이 체제개혁을 거쳐 계속 존속한다는 대안이라기보다 동·서독 양측이 무난히 소화할 수 있는 적응과 준비의 과정을 거칠 수 있지 않았을까 하는 얘기입니다. 하지만 이것은 단지 가정에 불과합니다.

통일과정에서는 많은 실책이 행해졌습니다. 이러한 실수들은 대부분 불가피한 것이었지만, 피할 수 있는 것도 분명히 있었습니다. 예컨대 원래 동독 지역에 살다 서독으로 넘어온 독일인들이 통일 후 제기한 소유권 문제에 대해 '보상보다 반환'을 원칙으로 정한 것은 중대한 실정이고, 많은 동독인들의 분노를 야기했습니다. 통일 독일헌법에 대해 국민투표를 실시하지 않은 것도 실수라고 생각됩니다. 또한 동독의 사회·정치적 재편과정에서 동독 상황에 대한 신중한 고려없이 서독식 체제가 동독에 이식된 점도 지적할 수 있습니다. 예컨대 경제나 교육분야에서 서독식 모델을 개혁하여 동독에 적용하려는 노력은 전혀 없었습니다. 뿐만 아니라 구동독 엘리트는 1945/49년 이후와 비교할 때 훨씬 더 급진적으로 교체되었습니다. 그러나 이러한 개별적인 예들 외에도 다른 측면, 즉 빨리 일을 추진해야 한다는 강박관념이 너무 강했기 때문에 통일과정에서 많은 것이 실패로 돌아갔다는 점도 되새겨보아야 합니다.

내적 통일이라는 과제의 해결은 아직 요원합니다. 내적 통일을 빠른 시간 내에 달성한다는 것은 원천적으로 불가능합니다. 이 점에서 사람들로 하여금 내적 통일이 쉽게 이루어질 수 있다고 생각하게 만든 것은 분명 큰 실수입니다. 이 문제를 해결하기 위해서는 신중하고 현실적인 계획안들이 요구되는데, 독일은 이 점에서 충분한 준비가 없었습니다. 이 때문에 통일이 가져온 성공적 측면에도 불구하고 독일은 여전히 많은 어려움을 겪고 있습니다.

☒ 이제 1989년 이후 현대사 연구동향에 대해 질문을 드려볼까 합

니다. 일반적으로 국가문서는 30년이 지나야 공개됩니다. 그런데 동독의 경우 일부 문서를 제외하고는 곧 공개되었습니다. 이러한 예외적 결정이 내려지게 된 배경은 무엇인가요? 또한 동독 공문서의 이른 공개가 동독사 연구에 갖는 의미를 어떻게 평가하시는지요?

— 문서열람 봉쇄기간을 설정하는 것은 충분히 이유가 있습니다. 동독의 공문서가 이러한 과정 없이 공개된 것은 동독이 국가적으로 더이상 존재하지 않기 때문이라고 설명할 수 있습니다. 나치 정권 붕괴 후 나치 문서에 대해서도 같은 원칙이 적용되었습니다. 물론 당시 나치 문서들은 대다수가 독일에 보관되지 않았다는 차이가 있습니다. 동독의 문서들은 대부분 공개되었지만 동독 비밀정보기관이었던 국가안전부 문서의 공개는 쉽지 않았습니다. 비밀정보기관 문서의 보존과 공개를 두고 독일 사회에서는 열띤 찬반 논쟁이 벌어졌습니다. 비밀정보기관의 문서가 공개되면 사회적 혼란이 야기될 수 있다는 이유로 반대하는 사람들이 많았습니다. 이 문서들이 공개될 수 있었던 것은 문서 공개를 통해 동독 체제에서 자행된 억압의 진상을 가려야 한다고 주장한 동독 민권운동가들의 결연한 행동 덕분입니다.

동독 공문서 공개의 의미를 평가하자면, 이는 동독에 대한 전례없는 연구와 보도 붐을 일으켰습니다. 많은 사람들이 통사당 정치국이 어떤 방식으로 일을 처리했는지 구체적으로 알고 싶어했지요. 그러나 대부분의 사람들은 정치국 문서를 통해 정치국 회의가 얼마나 진부하게 진행되었는가를 알고 난 뒤 크게 실망했습니다. 문서를 통해 엄청난 내용이 밝혀질 것이라는 기대가 어긋난 거죠. 그뿐 아니라 당과 국가안전부가 남긴 기록물을 통해 많은 세부사실들이 밝혀졌지만, 다른 한편으로 센세이셔널한 사건을 찾으려는 아우성이 커졌고 떠들썩한 반응을 야기할 자극적인 내용을 담고 있는 개별 문서들의 출판과 폭로성의 글 또한 셀 수 없을 정도로 많았습니다. 즉 공문서의 공개는 생산적 측면만 있는 것이 아니었습니다. 다행히 이런 현상은 그 사이에 어느 정도 지양되었고, 동독의 '역사화'에 도움이 되는 유익한 시각들, 즉 더 다각적인 관찰방식과 더 큰 맥락에서 동독사를 자리매김하려는 시도가 행해지고 있습니다.

☑ 서독의 동독 연구자들은 오랜 기간 동안 동독을 관찰했음에도 불구하고 동독의 민주화혁명이나 급속한 붕괴를 거의 예상하지 못했습니다. 그 때문에 통일 후 상당한 비판을 받았고, 그들이 이전에 수행한 연구작업에 대해서도 강한 회의가 제기되었습니다. 그렇다고 1989년 이전에 수행된 동독 연구가 완전히 물거품이 되었다고 할 수 있을까요? 과거의 동독 연구에서 취할 수 있는 점은 무엇이고, 또 서독의 동독 연구자들이 비판적으로 뒤돌아보아야 할 점은 무엇이라고 보시는지요?

─물론 대부분의 동독 연구자들이 많은 점에서 잘못 생각했다는 것을 인정합니다. 그러나 이들 역시 어떤 면에서는 긴장완화정책의 '희생자'라고 할 수 있습니다. 이들은 동독 독재의 혐오스럽고 억압적인 측면에 대해 너무 적게 언급했고 대화를 통해 통사당과 상호 이해가 가능해질 것이라고 기대했습니다. 나 역시도 그랬습니다. 지금 시점에서 생각해보면 분명 우리는 동독

국가안전부와 국가안전부가 행한 억압의 측면을 더 고려해야 했습니다. 하지만 장벽이 가로막고 있는 당시 상황에서는 아무도 국가안전부의 억압적 활동에 대해 자세히 알 수 없었습니다. 물론 모든 동독 연구자들은 과거에 적용했던 연구방법론에 대해 철저히 비판적인 자기성찰을 수행해야 할 것입니다. 그러나 그렇다고 해서 우리가 통일 전에 출판한 책들이 무조건 근거없는 연구성과로 규정되어서는 안됩니다. 예를 들면 헤르만 베버의 연구성과들은 여전히 유효합니다. 나 역시 전후사 개설서 두 권의 증보판을 내면서 책 내용을 거의 수정하지 않았고, 단지 새로운 사료와 연구문헌을 소개했을 뿐입니다.

▨ 선생님은 통일 전 동독 연구의 경향과 연구자들에게 행해지는 비난에 대해 동독 연구자들 역시 긴장완화정책의 희생자라고 지적하셨는데, 그렇다면 통일 후 보수주의계열의 학자들이 신랄하게 비판한 것처럼 현대사 연구가 정부의 대동독 화해정책을 지원했다는 것을 인정하시는 것인지요? 어떤 맥락에서 정부정책의 희생자라고 하신 건지 구체적으로 말씀해 주시지요.

－내가 긴장완화정책의 '희생자'라고 말한 것은 역설적 표현입니다. 많은 동독 연구자들은 통사당 국가가 점차 '접근을 통한 변화'라는 의미로 변화할 것이라고 믿었습니다. 그렇기 때문에 이들은 경직된 표현으로 긴장완화의 흐름을 방해하기를 원치 않았습니다. 이는 분명 동독을 다소 미화하는 결과를 낳았고, 이 점에 대해 1990년 이후 비판이 가해진 것은 정당합니다. 그러나

문제는 비판자들이 너무 독선적이라는 거지요. 1960년대까지 대세를 이루었던 동독에 대한 철저한 배척과 날카로운 설전은 동독 정권을 더 경직되게 만들었습니다. 이러한 상황은 동독사람들에게 전혀 도움이 되지 않았고, 나아가 통사당 정권을 약화시키기보다 오히려 강화시켰습니다. 그러므로 역사가들 역시 정치적 패러다임의 교체가 낳은 희생자라고 볼 수 있습니다.

▨ 동독 붕괴 후 전체주의론은 다시 르네상스를 맞게 되었습니다. 이에 따라 통일 후 동독체제는 통사당 정권의 억압과 강제를 토대로 한 독재체제로 강조되었습니다. 전체주의론이 강조하듯이 동독체제가 위로부터 강제에 의한 지배메커니즘에 기인한 것이라고 본다면 동독이 오랫동안 안정적으로 유지되다가 갑작스럽게 붕괴된 것을 설명할 수 없을 겁니다. 이에 따라 한국에서는 독재메커니즘이 아래로부터 동의를 토대로 유지된 측면이 있다는 점에 초점을 맞추어 강제와 동의라는 이중적 메커니즘의 구도로 해석하는 프로젝트가 진행되고 있습니다. 이러한 시각에 대해 어떻게 생각하시는지 알고 싶습니다.

―전체주의적 독재가 위로부터 억압뿐 아니라 아래로부터 동의도 추구했다는 것은 분명 옳은 관점입니다. 나치 정권은 이 부분에서 겁날 정도로 성공을 거두었습니다. 그러나 유럽의 공산주의체제는 그만큼 성공을 거두지는 못했습니다. 1970년대 사회보장정책을 실시함으로써 공산주의체제는 부분적으로 시민들의 동의를 얻을 수 있었지만, 체제에 대한 거부 움직임은 줄어들지 않았습니다. 단지 덜 위험해졌을 뿐이지요. 이러한 충성과 거부

의 혼합을 전체주의 이론으로는 적절하게 파악할 수 없습니다. 정치적 의도로만 보면 동독은 다른 동유럽 국가들과 마찬가지로 전체주의적이었습니다. 그러나 현실에서는 시기마다 또 나라마다 큰 차이가 나타납니다. 그러므로 전체주의라는 명칭은 더이상 적합하지 않거나, 단지 제한적으로만 적용 가능합니다.

　▨ 통일 후 동독 역사학에 대해서는 권력의 시녀로 기능했다는 비난이 적지 않게 쏟아진 걸로 기억됩니다. 동독 역사가들에게는 자유로운 공간의 여지가 전혀 없었는지요? 그리고 동독 역사학을 권력의 시녀라는 관점에서 비난만 할 수 있을까요? 동독 역사학을 평가할 때 동독의 억압적 정치적 현실도 고려해야 하지 않을까요? 그렇다면 동독 역사학에 대한 평가는 비판과 이해 사이에서 어떻게 이루어져야 한다고 보시는지요?

　－동독의 역사학은 분명 통사당 지배를 정당화하는 데 핵심적인 역할을 했습니다. 그러니까 기본적으로 '권력의 시녀'였다고 말할 수 있겠지요. 특히 동독의 현대사가들은 독립적으로 연구할 수 있는 여지가 거의 없었다고 봅니다. 그러나 몇몇 연구분야는 권력의 시녀 역할에서 부분적으로나마 해방되었고 주목할만한 연구성과를 내기도 했습니다. 라이프치히의 사회사가인 하르트무트 츠바(Harmut Zwahr)는 라이프치히의 프롤레타리아 형성에 대한 책을 쓸 때 동독에서 통상적으로 행해지는 맑스-레닌주의 고전을 인용하지 않았는데도 통과되었고, 그 책은 서독에서도 좋은 평가를 받았습니다. 1848년 혁명이나 '제3제국' 시기 반나

치 저항운동에 대한 연구도 이 부류에 속합니다.

동독 역사학을 평가할 때는 물론 정치적 간섭을 고려해야 할 것입니다. 그러나 거기에는 분명 한계가 있습니다. 역사가로서 사료를 왜곡하고 중요한 사건을 완전히 무시하거나 의식적으로 날조하는 것은 전문 학문이라는 기준에 위배되는 일입니다. 반면 탄탄한 경험적 연구결과를 뒷받침하기 위해 서문에서 정치적 고전을 인용한 것은 관대하게 평가할 수 있다고 생각합니다. 이 양자에 해당하는 예는 무수히 많습니다.

▨ 선생님은 현대사 연구가 동독에만 집중되기보다 동유럽 국가들과의 비교연구나 관계사적 관점에서 동·서독 연구가 수행되어야 한다고 말씀하셨습니다. 특히 선생님의 관계사적 관점은 한국인들에게 무척 흥미롭습니다. 독일에서는 현재 어느 정도까지 관계사적 관점에 입각한 연구가 진행되었는지, 동·서독의 역사를 단순히 병렬적으로 서술하는 것이 아니라 일정한 틀 내에서 통합적으로 다룰 수 있는 수준에 이르렀는지 알고 싶습니다.

—지난 수년간 계속된 동독사 연구 붐으로 인해 거의 전영역에 걸쳐 파악이 불가능한 정도로 많은 출판물들이 쏟아져 나왔습니다. 그러나 전후사 연구가 동독사에만 치우치게 되면 연구 시각이 너무 편협해질 위험이 있습니다. 동유럽 공산주의국가들과의 비교사적 연구나 동·서독의 관계사적 관점의 연구는 이런 맥락에서 강조된 것입니다. 동·서독 역사의 상호 연관적 측면은 아직 현대사가들이 제대로 해결하지 못한 도전적 과제입니

다. 전후사는 1945년 이전처럼 하나의 민족사로 서술할 수 없지만, 더이상 완전히 분리된 동·서독의 역사로 쓰여져서도 안됩니다.

현재 포츠담 현대사연구센터와 역사가연맹에는 이 문제를 다루는 연구팀들이 있습니다. 우리 연구소의 경우 동·서독의 상호 연관성 문제를 단계별로 구분해서 파악하는 새로운 기준을 세웠습니다. 이에 따르면 한편으로 양 독일국가가 처해있었던 공통된 출발상황과 양국이 처하게 된 문제상황의 변화를, 다른 한편으로 서독과 동독이 민주주의와 독재체제로서 독자적으로 발전해가는 발전과정을 다루게 됩니다. 이러한 구체적 사례들을 통해 '상호 배제와 상호 연관'의 측면이 설명될 것입니다. 이 연구팀의 연구결과는 내년 초 독일 정치교육연방본부에 의해 출판될 예정입니다.

나치 과거청산 문제는 이러한 배제와 상호 연관의 맥락을 잘 보여주는 예입니다. 동독은 1950년대 이래 서독의 미진했던 나치 과거청산에 대해 강력하게 문제를 제기했습니다. 그리고 이를 토대로 나치 과거청산 문제에 관한 한 동독이 훨씬 나은 국가라고 공공연히 주장하면서 서독과 단호하게 차별화했습니다. 그러나 이는 서독의 나치 과거청산을 지연시키는 하나의 요인으로 작용했습니다. 서독정권은 동독측의 공격에 맞서 동독체제를 전체주의적이라 규정하면서 서독 사회의 관심을 동독의 "붉은 독재"로 향하게 했고, 나치 과거에 대한 문제제기를 회피했습니다. 한편 동독정권은 서독을 공격함으로써 서독과 차별화하고 동독체제에 정당성을 부여하고자 했지만, 다른 한편으로 바로 그 때문에 나치 과거와 철저하게 비판적으로 대면하지 못했습니다. 즉 동독은 서독과 달리 나치 과거청산이 완벽하게 이루어진 국가임을 표방함으로써 동독에서는 나치 과거청산이 일찌감치 일단락되었다고 간주했습니다. 이에 따라 이스라엘에 대한 보상 문제, 통사당이나 사회 고위직에 있던 나치 과거 전력자 문제 등 떳떳하지 못한 부분에 대한 비판적 문제제기가 철저하게 억압되고 은폐되었습니다. 이는 양 독일이 서로 구분하고 차별화하려는 시도에도 불구하고 양국의 역사가 상호 연관성을 갖고 전개되었다는 것을 보여줍니다.

▨ 선생님은 동독과 동유럽 국가의 비교연구를 중요하다고 보시는데, 동독과 한국의 비교 역시 흥미로울 것으로 생각합니다. 이 점에서 2004년 11월 서울에서 열리는 한·독 학자들의 국제학술대회는 의미가 크다고 여겨집니다. 이 학술대회가 목표하는 바는 무엇이고, 어떤 성과를 기대하시는지, 앞으로 독일과 한국 역사가들간에 협력은 어떻게 진전될 것으로 보시는지 말씀해 주십시오.

─동독과 북한의 비교연구는 여러가지 측면에서 무척 흥미로울 것입니다. 우선 동독을 북한과 비교하는 것은 비교의 지평을 유럽 이외 지역으로 확대한다는 점에서 의미가 있습니다. 이는 비유럽 지역의 냉전 문제에 대한 연구가 강화되는 최근 추세에 상응하는 것이기도 합니다. 스탈린시대에 각 공산주의국가들은 처한 상황이 각기 달랐음에도 불구하고 공산주의체제의 정치적,

이데올로기적 특징에서 유사성을 보였습니다. 그러나 시간이 지남에 따라 이들의 대내외적 상황은 완전히 다른 방향으로 발전하기 시작했습니다. 이 점에서 사회주의국가이면서도 많은 차이를 보여주는 동독과 북한을 비교하는 작업은 시사하는 바가 많으리라 봅니다. 또한 한국 분단의 여파는 독일과 비교할 수 없을 정도로 혹독했고, 한국전쟁은 유럽과 독일에도 막대한 영향을 미쳤습니다. 비교사적 연구를 통해 앞으로 이런 문제들에 대해서도 논의할 수 있을 것입니다.

11월의 학술대회는 일차적으로 동독과 북한에 대해 수행된 그동안의 연구성과를 종합적으로 검토한다는 데 목표를 두고 있습니다. 앞으로 포츠담과 서울에서 후속 학술대회가 계속 열릴 예정인데, 후속대회에서는 비교사적 관점을 토대로 특정 주제에 대한 구체적 논의가 전개될 것입니다. 비록 독일 역사에서 정치적 결정을 위한 처방의 의미에 해당되는 교훈을 얻을 수는 없겠지만, 독일의 정책과 동독 연구 경향을 접하는 것은 한국의 시사토론에 유용하리라 생각합니다.

▨ 선생님은 포츠담 현대사연구센터를 10년간 이끌어오시면서 이 연구소가 권위있는 연구기관으로 자리잡는 데 큰 역할을 하셨습니다. 이제 이 연구소에 대해 몇 가지 질문드리겠습니다. 우선 연구소가 동독 출신 연구자들을 고용하게 된 경위를 자세하게 설명해 주시면 감사하겠습니다.

－포츠담 연구소는 1991년 동독 학술원이 해체되면서 창설되

었습니다. 학술정책에 대한 자문기관인 학술원(Wissenschaftsrat)은 당시 학문적으로 검증된 몇몇 동독 출신 연구원을 우리 연구소에 채용할 것을 권고했습니다. 당시 포츠담에는 포츠담 중점연구소라 불린 우리 연구소 외에 같은 구조를 가진 다섯 개의 다른 학문분과 연구소가 있었지요. 이 연구소들은 당시에는 규모가 작았기 때문에 소수의 동독 출신 연구원만 받아들일 수 있었습니다. 나머지 사람들은 대학으로 흡수되어야 했지요. 결국 통일 이후 많은 연구원들이 일자리를 잃었습니다. 이들은 비단 정치적 이유 때문에 해고된 것이 아닙니다. '동독 학자들의 통합' 문제는 정책적으로 결코 긍정적 평가를 받을 수 없는 부분입니다.

　☑ 선생님은 통일 후 동독 학자들의 통합정책에 비판적인 입장을 취하셨습니다. 구체적으로 무엇이 문제였고, 어떤 방향의 정책이 바람직했다고 생각하시는지요?

　─정부에 의해 주창된 학자통합 프로그램은 해체된 동독 학술원 소속 학자들 가운데 학문적으로 우수한 자질이 입증된 학자들에게 직업상의 발전기회를 제공한다는 취지하에 시행되었습니다. 이들은 지원금을 받기 위해 연구프로젝트를 신청했습니다. 이 프로그램에서는 해고된 동독의 연구자들을 무엇보다 대학으로 흡수하려고 했습니다. 그런데 문제는 이 프로그램이 독일 대학 전체가 아니라 동독 지역의 대학만을 대상으로 했다는 데 있습니다. 통일 과정에서 새로운 대학구조를 만들고 있던 동독 지

역의 대학들은 해직된 동독 연구원을 채용하는 데 별로 관심을 두지 않았으며, 이들을 수용할 경제적 여력도 없었습니다. 설령 프로젝트를 통해 대학에 흡수된다 하더라도 단지 몇 년에 해당하는 한시적 성격을 띠었습니다. 프로젝트가 끝난 다음에 어찌될 것인지는 아무도 알 수 없었습니다.

내 생각에는 동독 지역만이 아닌 독일 전지역의 대학과 연구소들이 공동의 차원에서 이들을 수용하려는 노력을 기울여야 했습니다. 그러나 그렇게 하기에는 이제 이미 때가 늦었습니다.

▨ 신랄한 비난에도 불구하고 포츠담 현대사연구센터는 동독 출신 연구원들을 고용했습니다. 이들은 다른 연구전통에서 교육을 받고 성장했습니다. 더욱이 통일 이후 동독 학자들의 학문적 능력은 대체로 평가절하되었습니다. 그럼에도 불구하고 이들을 고용한 데는 충분한 동기가 있었으리라 생각됩니다. 이들과의 작업을 통해 기대한 긍정적 효과는 무엇인지, 또 이들과 공동작업상의 어려움은 없었는지, 이들의 연구작업은 얼마나 성공적이었는지에 대해 말씀해 주십시오.

─처음에는 현대사 분야에서 이 임용조치에 대해 비판의 소리가 높았습니다. 비록 당시 채용된 연구원들이 모두 성공적이었던 것은 아니지만, 포츠담 현대사연구센터의 연구원 구성은 전체적으로 옳았고 또한 매우 흥미진진했습니다. 동독 출신 연구원들은 동독을 직접 경험했습니다. 그러나 서독 출신 연구원들은 어느 정도 거리를 두고 밖으로부터 주제에 접근하게 되고, 동독 내부의 상황을 자세히 모를 때가 종종 있습니다. 이런 맥락에

서 동·서독 출신이 혼합된 인적 구성을 통해 생산적인 긴장관계를 형성함으로써 성공적인 공동의 연구결과를 얻을 수 있었습니다. 우리 연구소의 목표는 동독 역사의 비판적 역사화이지 구동독 체제에 대한 떠들썩한 비난이 아닙니다. 또한 '반발적 정체성에 근거한' 미화도 아닙니다. 이런 면에서 개인적으로 포츠담 현대사연구센터의 활동을 매우 긍정적으로 평가합니다.

동독 출신 연구원들과의 공동작업은 물론 처음에는 어려웠습니다. 그러나 시간이 지남에 따라 점차 서로 잘 이해하게 되었습니다. 이런 점에서 포츠담 현대사연구센터를 가리켜 '독일 통일의 작은 실험실'로 규정하는 것은 전적으로 타당하다고 생각합니다.

☒ 동독 출신 연구원들과의 작업에서 특히 어려웠던 점은 무엇이었는지요?

—동·서독 출신 연구원들이 겪은 어려움은 기본적으로 양국의 학술문화가 다른 데서 유래했습니다. 이론적·개념적 기준이 상당히 달랐습니다. 게다가 '동독인'과 '서독인'으로 느끼는 거리감도 작용했습니다. 그러나 공동의 주제로 연구작업을 함께하면서, 또 연구소 외부에서 가해진 비난으로 인해 오히려 더 빠른 시간 내에 결속을 다지게 되었고 팀 정신도 형성되었습니다. 물론 이것은 저절로 된 것이 아닙니다. 양호했던 연구여건과 연구작업의 성공 역시 이러한 차이를 극복하는 데 기여했습니다.

☑ 2004년 한국어판에 붙인 서문에서 언급하신 전자잡지에 대한 내용이 제게는 무척 흥미로웠습니다. 제가 이해한 바로는 『현대사연구(Zeithistorische Forschungen)』는 전자잡지이기도 하면서 동시에 통상적 학술지처럼 인쇄되기도 합니다. 이 전자잡지는 어떻게 만들게 되었으며, 이에 대한 독자들의 반응이 어떠한지요?

－전자잡지는 야라우쉬 교수의 제안으로 만들어진 것이고, 나는 편집자가 되는 영광을 안았을 뿐입니다. 이 잡지에 대한 상세한 정보는 포츠담 현대사연구센터 홈페이지(http://www.-zzfpdm.de)를 통해 얻을 수 있습니다. 역사학의 여러 분야에서 인터넷이 강도 높게 활용되면서도 여전히 전통적인 출판형태가 답습되고 있는데, 전자잡지 형식의 출판은 나름대로 장점을 갖습니다. 예컨대 여러 종류의 자료들, 특히 시청각자료를 직접 접할 수 있고 시사 토론에도 신속하게 반응할 수 있습니다. 전자잡지는 대중매체가 현대사에서 갖는 중요한 의미를 반영하는 것이라 할 수 있지요. 하지만 인터넷에만 의존하지 않기 위해 우리는 이 잡지를 인쇄 형식으로도 출판합니다. 인쇄잡지에는 전자잡지에 수록된 논문과 토론내용의 일부가 실리게 되는데, 별도의 인쇄본을 내는 것은 도서관 보관을 용이하게 하기 위해서이기도 합니다.

전자잡지에 대한 반응은 현재까지 아주 좋습니다. 전국적으로 배포되는 독일 신문들은 이 새로운 잡지를 리스트에 올렸고, 대학과 학교에서도 긍정적인 반응을 얻고 있습니다. 그러나 이제 겨우 2호가 나온 상황이니 앞으로 적극적인 홍보가 필요합니다.

☑ 이제 마지막 질문을 드리려고 합니다. 선생님은 올 2월에 공식적으로 정년을 하셨습니다. 그러나 연구작업은 계속하시리라 생각하는데 요즘 어떤 문제에 관심을 갖고 작업하시는지요?

－현재 동독 노동자들의 사회사에 대한 기본서를 집필하고 있는데 내년에는 탈고할 수 있기를 희망합니다. 시기적으로는 울브리히트 시기를 다루었고, 제목은 '노동자국가의 노동자'로 할 예정입니다. 소위 노동자를 '지배계급'으로 강조하는 이데올로기가 어떤 사회적 연관을 갖는지, 노동자를 영웅시하는 선전의 이면에 놓인 노동자들의 실제 삶은 어떠했는가를 분석하는 작업입니다.

☑ 선생님께서 설명해 주신 바는 일반적인 독일사 연구문헌들에서 접하기 어려운 내용으로, 한국의 독자들이 독일 현대사를 이해하는 데 많은 도움이 되리라 생각합니다. 적지 않은 질문에 상세하게 대답해 주신 데 대하여 진심으로 감사드립니다.

부록 2

서로 분리되어 있었던 과거를 어떻게 하나의 역사로 파악할 수 있을까

---

* 이 글은 클레스만 교수가 2001년 7월 9일 Max-Weber-Kolleg에서 행한 강연을 부분적으로 수정하고 주석을 보충한 것이다. 글의 원 제목은 「분리된 과거와 공동의 역사(Getrennte Vergangenheit und gemeinsame Geschichte)」이다.

1. 분단국가의 민족의식

이따금 일어났다가 사라지곤 하는 독일의 선도문화(Leitkultur)에 대한 논쟁을 어떤 비평가들은 "고통의 문화(Leidkultur)"라고 묘사하기도 한다.1)* 이 논쟁은 언뜻 보기에 필자가 지금 다루려는 주제와 별 상관이 없어 보인다. 그러나 이것은 "독일 현대사를 어떻게 보아야 하는가"라는 문제에서 표출되는 어려움과 직결된 대단히 독일적인 문제를 건드리고 있다.

베를린의 언론인 마골리나(Sonja Margolina)는 다음과 같이 주장했다. "독일이 이민의 나라인가 아닌가 하는 문제는 단순히 이민의 나라를 어떻게 규정하는가에 달려 있다. 그러나 독일에는 모

---

1) (역자) "Leitkultur"라는 개념은 1990년대 말 2000년대 초 몇 년간에 벌어졌던 이슬람과 구동구권 지역에서 독일로 이민해오는 사람들 문제에 대한 논쟁에서 나온 조어이다. 2000년 연방의회에서 기독교민주당 원내총무인 메르츠(Friedrich Merz)가 외래문화에 대해 독일문화를 지키고 이민자들은 이 문화에 통합되어야 정식 독일시민이 될 수 있다는 취지로 한 발언에서 이 용어가 사용되었던 것이다. 그런데 이 발언은 현존하는 다양한 독일문화를 계서화할 우려가 있다는 이유로 유대인이나 이민자 그리고 사회민주당의 비판을 받았다. 이에 기민당은 개념의 모호성 때문에 비판받는다고 생각하여 그 내용을 정의하고자 했다. 독일의 "선도문화"란 기독교적이고 서구적인 것이라는 내용규정은 바로 그런 고민에서 나왔다. 그러나 이것 역시 기독교적이며 서구적이란 무엇인가에 대한 또 다른 논쟁을 유발했다. 이 논쟁은 유럽 선진국가들이 공통적으로 안고 있는 이슬람과 구동구지역 주민들의 통합문제와 함께 나치의 민족주의 문제와 새롭게 통합대상이 된 구동독 주민들의 내적 통일문제와 같은 독일적 특수성과 관련된 논쟁이었다. "고통의 문화(Leidkultur)"란 "Leitkultur"의 발음과 기호의 유사성을 비아냥거리며 패러디한 것이다.

든 이민의 나라들이 가지고 있고, 그로 인해 통합력을 발휘하고 있는 '민족으로서 기본적인 자기이해'가 결여되어 있다."[1] 안정된 정체성을 보유한 사회만이 '다문화주의'라는 모호하고 비현실적인 비전을 실현하려 하지 않으면서 혹은 오래된 민족신화들을 부활시키지 않으면서 자국 안에 존재하는 다른 문화들에 대해 관용적일 수 있다는 것이다. 자명하면서도 차분한 민족의식이 필요하다는 그의 이러한 호소는 그 자체로 설득력이 있으며, 독일의 선도문화를 둘러싼 논쟁을 대부분 불필요하게 만들 것이다. 사실 이 논쟁은 나치의 불행한 과거를 연상시킨다는 점에서라도 불필요하다.

하지만 자세히 들여다보면 자명하면서도 차분한 민족의식을 달성하는 것 자체가 어렵다는 사실이 드러난다. 그 이유는 독일의 최근 역사 속에서 찾을 수 있다. 같은 맥락에서 니이트함머(Nutz Niethammer)는 스스로 "정체성이라는 푸른 꽃을 찾는"[2]* 시도라고 반어적으로 표현한 방대한 양의 집필작업을 마무리하면서 심지어 집단정체성의 개념을 포기하고 대신 소속감(Zugehörig-keit)과 친밀함(Affinitäten)이라는 개념에 합의하는 것으로 만족하기를 권유했다.[2] 나는 이 주장에 공감하지만, 별반 성과를 거두지는 못할 것이라고 생각한다.

독일에서는 민족정체성에 대한 논란이 거듭되어왔으며 현재도 열띤 논란이 진행중이다. 보통 이런 주제는 독일과 달리 민족

---

2) (역자) '푸른 꽃'은 노발리스(Novalis)의 작품명에서 따온 것으로 실현 불가능한 막연한 이상을 가리킨다.

과 민족국가의 전통 단절 경험이 적은 나라들에서는 그다지 논쟁거리가 되지 않는다. 일반적으로 정체성이란 상대적으로 지속적인 성격의 심성, 행동양식, 관념적 지향 그리고 공동의 초보적 자기이해를 가리킨다. 개인의 정체성뿐만 아니라 집단과 사회체제의 정체성도 역사와 밀접히 관련되어 있다. 그렇기 때문에 정체성이란 생물학적 민족개념(biologistisches Nationsverständnis)이 암시하는 것과 같이 정체되어 있는 것이 아니라 변화 가능하며 역동적인 것이다.

'민족'이라는 개념이 1945년 종전 직후 일단 독일에서 완전히 부정적 이미지를 갖게 되었다는 사실은 연합국 점령기에 동·서독 지역이 공동으로 물려받은 유산에 속한다. 이후 양 독일은 서로 다른 방식으로 이 문제를 다루었지만, 각기 자국이 전체 독일의 정당한 대표라고 주장했다. 동독 초기 통사당의 정치선전에서는 민족주의적 색채가 뚜렷이 드러났다. 서독 사민당 총재 슈마허(Kurt Schumacher)의 민족강조 노선도 마찬가지였다.3)* 물론 슈마허의 이러한 태도는 진지했으며, 그가 이런 입장을 취한 것도 그의 인생역정을 보면 쉽게 이해된다.

하지만 그들과 달리 '평범한 시민'들의 우선적 관심사는 물질적 궁핍 같은 문제들이었고, 각 분야의 부르주아 엘리트들도 역시 나치 파국을 겪고 난 후에는 민족보다 차라리 안정과 경제적 복지를 약속하는 서유럽적 전망을 지향하고 있었다. 서독 초기

---

3) (역자) 슈마허는 점령당국에 의한 분단을 철저히 비판하고 아데나워의 서방통합정책과 달리 독일 통일을 우선시하는 정책을 폈다.

에 일어난 유럽에 대한 열광과 서방지향 덕분에 당시까지 악용되었던 독일 민족문화의 몇몇 전통은 긍정적인 방향으로 조정되었다. 동독에서도 다른 방식이기는 하지만 마찬가지 현상이 일어났다. 그러나 '민족적 유산' 중에서 진보적 전통에 대한 강조는 특히 스탈린주의가 절정에 도달한 시기에 두드러졌다. 이는 위로부터 규정된 사회주의적 지향(verordnete sozialistische Orientierung)을 보완하는 기능을 했다. 미국화와 소련화는 양 독일에서 매우 다른 자취를 남겼으며, 이로 인해 민족통일을 강조하는 양국의 온갖 선전에도 불구하고 민족이라는 관념이 행하는 실제 역할은 쉽게 인식되지 못했다.

1945년 이후 민족국가 문제의 핵심은 외부 국경선이 아니라 두 국가로 민족이 분단되었다는 것이었다. 양 독일이 주권국가임을 선언하고 양 블록으로 편입된 1955년은 분명 독일 민족문제의 역사에서 중요한 의미를 갖는 시점이다. 소련은 정치선전상으로는 재통일이라는 정치적 목표를 포기하지 않았지만, 국제협상에서는 양 독일이 이제 자신들의 상호 관계에 대해 스스로 조율해야 한다는 입장을 견지했다. 이 주장이 얼마나 내용이 없고 공허한 것이었는지는 1961년 베를린 장벽의 건설로 만천하에 드러났다. 소련은 뒤늦게 이를 승인했던바, 당시 동독은 장벽의 건설 없이는 존속할 수 없는 위험에 처해 있었다.

베를린 장벽으로 분출된 냉전의 절정은 아이러니하게도 독일에서 새로운 정치전략을 수립하고 민족정체성에 대한 태도를 바꾸는 출발점이 되었다. 서로 외국은 아니지만 "조율된 상호 공존"을 위해 노력해야 할 "독일 내의 두 국가"—이것은 오랜 정책 토론 끝에 1969년 빌리 브란트(Willy Brandt)가 처음으로 공식 발표한 독일정책의 목표였다. 이 "접근을 통한 변화(Wandel durch Annäherung)" 정책은 분명 민족통합(nationale Einheit)을 목표로 했지만, 그것이 곧바로 민족국가의 재건을 뜻하는 것은 아니었다. 브란트는 독일민족의 재통일(Wiedervereinigung)이 "연방공화국의 공허한 환상(Lebenslüge4)* der Bundesrepublik)"3)이라고 표현한 바 있는데, 자주 인용되는 이 표현은 민족통합과 민족국가의 재건이라는 두 개념 사이에 존재하는 차이를 분명히 지적하고 있다. 문화와 인적 교류의 틀(Kommunikationszusammenhang)로서 민족통합은 이 정책의 중심에 서 있었던 반면, 이 목표의 실현을 위해 내세워지고 있는 국가적 형태는 그리 중요하지 않았다.5)*

그러나 1970년대 이후 독일인과 유럽인들의 새로운 정치구도에 대한 인식은 신동방정책과 새로운 독일정책의 고안자들이 의도했던 것보다 더 빠르게 다른 방향으로 나아갔다. 두 국가체제가 고착된 반면, 민족국가는 아직 어느 정도 영향력을 가지고 있

---

4) (역자) "Lebenslüge"란 다들 통일을 자신의 정치적 목적으로 선언하지만, 어느 누구도 그것이 실현되리라 기대하지 않고, 또 그 실현을 위해 어떤 구체적인 노력도 하지 않는 상태를 가리킨다.

5) (역자) 클레스만은 도이취(Karl Deutsch)의 의사소통 단위로서 민족개념에 근거하여 신동방정책의 민족정책을 해석하고 있다. 따라서 "nationale Einheit"는 말 그대로 민족통일을 의미하지만, 신동방적책의 맥락에서 볼 때 그 의미는 오히려 "민족의 단일성 회복"이라고 봐야 한다. 원문의 "nationale Einheit als Kommunikationszusammenhang"이란 바로 그런 의미이다. 민족통일보다 민족통합이 그래도 이러한 의미를 암시한다고 여겨져 역자는 후자를 택했다.

다 해도 계속 의미를 잃어갔다. 유럽에서 전후 질서의 안정은 당시 승인된 두 독일의 외부 국경선뿐만 아니라 두 국가체제에 대한 국제적 승인에 토대를 둔 듯하다. 이러한 맥락에서 앞서 언급한 독일정책은 1982년 서독 정권교체 이후에도 여러 차례 정책선언을 통해 예상보다 훨씬 견고하게 그 연속성이 유지되었다.

서독이 점차 두 국가체제를 기정 사실로 받아들이면서 분단체제가 임시적 상황이라는 생각과 결별했다면, 동독도 다른 방식이기는 하지만 마찬가지 길을 걸었다. 통사당은 자신의 방식대로 독일 문제가 해결되었다고 선언했으며, 독자적인 사회주의 민족(eigene sozialistische Nation)이라는 이해하기 어려운 개념을 고안해냈다. 그리고 독일 민족국가의 최종적 종말을 입증하기 위해 1974년 하나의 독일민족을 상정하는 모든 규정을 동독 헌법에서 삭제했다.[4] 이러한 변화는 일반국민들의 견해나 행동양태에 따른 변화라고 볼 수 없다. 그렇지만 이러한 선언이 가져온 분단상황의 안정이라는 현실은 특히 젊은 세대에게 점차적으로 정치적 영향을 미쳤다.

폴란드 체제비판세력들의 경우와 달리, 동독의 민권운동(Bürgerrechtsbewegung)에서는 1989년 가을까지도 '독일문제'를 민족국가의 문제로서 중요하게 다루지 않았다. 민권운동 그룹은 지배체제를 개혁하는 데 있어 '제3의 길'로 나아갈 것을 주장했다.[5] 그들의 개혁목표에는 분명 그동안 통사당 정부에 의해 고수되어 왔던 서독과의 분리 원칙(Prinzip der Abgrenzung)에 대한 거부와 서독과의 새로운 관계정립이 포함되어 있었다. 그러나 미래의 국가적 통일이라든가 동부 국경선에 대해서는 별로 논의된 바 없었다.

이런 의미에서 민권운동 그룹의 프로그램에는 민족에 대한 무관심이 뚜렷하게 드러나 있다. 민권운동 그룹이 이 문제에 대해 분명히 다른 생각을 가지고 있던 여타 동독인들과 융합하지 못했던 이유는 바로 여기에 있었다. 왜냐하면 바로 이들이 1989년 겨울 대규모 시위행진에서 "우리는 국민이다(Wir sind das Volk)"라는 구호를 "우리는 하나의 민족이다(Wir sind ein Volk)"6)*라는 구호로 바꾸었으며, 이로써 민족통일이란 주제를 정치적 현안으로 부각시켰기 때문이다. 그럼에도 불구하고 이러한 국민의 태도변화를 단절되지 않은 민족의식과 "애국주의의 연속성"을 입증하는 주요 지표로 보는 것은 잘못일 것이다.

아마 이보다 더 중요했던 것은, 츠바(H. Zwahr)가 단언한 바와 같이6) 베를린 장벽의 개방과 그에 뒤이은 수백만 동독인들의 서독 방문으로 인해 동독인들이 동독의 경제파탄과 환경재난에 대해 크게 좌절하게 되었다는 사실일 것이다. 동독인들은 오직 서방, 즉 서독의 도움을 통해서만 이 재난에서 헤어날 수 있었다. 이런 의미에서 "우리는 하나의 민족이다"라는 구호는 단순한 민족의식의 표현이라기보다, 앞으로 서독의 원조를 기대하는 뚜렷한 사회적 요소를 내포하고 있었다.

---

6) (역자) Volk는 '민족'으로 번역될 수도 '국민'으로 번역될 수도 있다. 원문의 Wir sind das Volk는 통사당 정부에 민권 확대를 주장하면서 나온 구호이기 때문에 '국민'으로, Wir sind ein Volk는 서독과 동독은 하나의 민족이라는 의미에서 사용된 구호이기 때문에 '민족'으로 번역했다.

의심할 바 없이, 분단은 서독인들에게보다 동독인들에게 비교할 수 없을 정도로 큰 비중을 지니는 문제였다. 그렇다고 해도 양 독일의 대다수 주민들은 원칙적으로 두 국가체제를 대체로 받아들였다. 하지만 동독인들은 갈수록 커져가는 복지수준의 격차와 동유럽 사회주의 진영 내에서 전개된 급진적 개혁의 물결에도 불구하고 원칙적인 입장을 방어하기 위해 필사적으로 몸부림치는 개혁능력을 결여한 경직된 동독 정부에 만족하지 못했다는 것은 명백하다.

민족은 분명 서독인들보다 동독인들의 잠재의식 안에서 더 높은 가치를 지니고 있었다. 그것은 첫째, 동독의 지체된 근대화 및 전통적 성격과 관계있는 것 같다. 전통적 가치관은 서독보다 동독 사회의 많은 영역에서 더 지속적으로 유지되었으며, 더 천천히 소멸되었다. 둘째, 그 배경에는 경제적·사회적 성격이 깔려 있었다. 민족적 소속감만이 자신들이 처한 경제적·사회적 상황 개선을 약속해주는 길이었다. 1960년대와 1970년대 초반에 동독 체제에 걸었던 기대가 실망으로 끝나자, 1980년대에 접어들면서 동독인들은 다시 서독을 매력적으로 보게 되었다. 그러나 그것은 분명 민족통일의 추구와는 거리가 먼 것이었다.

통일된 독일은 1990년 이후 원하든 원치 않든 민족국가 문제에 심각하게 직면할 수밖에 없었다. 베를린 장벽이 무너지고 구동독의 승용차 트라비(Trabi)가 서독에서 민족적 열정의 애용물로 인기를 누릴 때, 그리고 사회분위기가 점점 국가적 통일에 열광하게 되면서 민족 개념의 대중적 영향력을 부정했던 회의론자들

의 판단이 대부분 잘못이었다는 사실이 선명하게 드러났을 때,
좌파 자유주의의 대변인들이 주장해온 "헌법애국주의(Verfassungs-
patriotismus)"7)*는 더이상 설득력을 발휘할 수 없음이 뚜렷해졌다.
　이렇듯 분단국가의 전개와 한 민족이라는 의식, 이 양자의 관
계는 40년 분단사에서 다양한 국면을 거쳐왔다. 통일과 함께 대
두된 현실의 문제를 이해하고, 절실히 요구되는 구서독인과 구
동독인의 상호이해 과정을 용이하게 하기 위해서는 이 국면들을
정확하게 인식하는 것이 중요하다. 통일 이후 동·서독 지역이
화합하여 함께 성장하기 위해 겪고 있는 엄청난 어려움은 대부

---

7) (역자) "헌법애국주의"를 처음 주창한 슈테른베르거(Dolf Sternberger)는
독일이 민족 및 민족성에 근거한 제1의 애국주의를 버리고 오로지 헌
법을 대상으로 하는 "헌법애국주의"를 가져야 한다고 지적했다. 그가
민족 대신에 서독이 전후에 발전시킨 자유와 민주주의에 기초한 헌법
을 애국주의의 지향점으로 삼게 된 배경에는 전쟁유발과 패배로 인해
상처받은 민족 그리고 분단된 민족은 그 자체로 서독시민의 사랑을 받
을 수 없다는 사실이 작용했다. 그러나 그는 헌법애국주의를 민족주의
에 포섭된 애국주의의 대용품이나 분단된 민족에게만 유용한 임시방편
이 아니라 시민의 정치적 자기정체성 형성과 정치통합을 위해 보편적
으로 적용 가능한 도덕으로 간주하고 있다. 그는 애국주의가 지향해야
할 조국을 다음과 같이 정의한다. "조국의 개념은 자유로운 헌법에서
비로소 실현된다. 즉 한낱 성문헌법에서가 아니라 우리 모두를 이 나라
의 시민으로 속하게 하고 우리가 매일 참여하며 계속해서 형성해가는
살아있는 헌법에서 채워진다." 슈테른베르거의 조국은 자연적 조국 개
념이 아니라 공화주의적 헌법 자체이다(Dolf Sternberger, "Begriff des
Vaterlands", Staatsfreundschaft, Schriften IV, Frankfurt a.M, 1980, pp. 9~34,
인용은 p. 33 ; 원준호, 「헌법애국심과 통일독일의 정체성 문제」, 『국제
지역연구』 제6권 제3호, 2002년 가을, 189~209쪽). 하버마스는 이에 대
해 비판적인데, 왜냐하면 이 개념에는 사회체제에 대한 비판정신이 없
다고 보기 때문이다.

분 1990년 이후의 정치적 실책에 — 그것은 불가피한 것도 있고 회피 가능한 것도 있었다 — 기인한 것이지만, 또한 이것은 비교적 장기간에 걸친 분단사에서 연원한 것이기도 하다. 이러한 사실은 1989년 이전보다 현재 우리에게 더욱 뚜렷하게 나타나고 있다. 새로운 시각에서 역사적 접근을 시도하고 이를 폭넓게 인식하는 것은 독일 현대사 분야의 시급한 과제에 속하는바, 이는 역사서술, 역사교육 그리고 정치교육에 중요하게 기여할 것이다.

양 독일의 공통성(Gemeinsamkeit)과 단절성(Trennung)이라는 주제를 더욱 면밀하게 파악하기에 앞서, 먼저 전후사에 관한 기존의 역사서술을 분석하고자 한다. 그 다음 몇몇 연구분야들을 논의한 후, 마지막으로는 향후 독일 전후사 연구의 기본개념과 관련한 문제들에 관해 간략하게 언급하겠다.

2. "비대칭적 관계사(asymmetrische Beziehungsgeschichte)"[8]*
   : 분단 독일사 연구를 위한 새로운 인식틀

8) (역자) 독일어 원문에 자주 반복되는 배제와 연관(Abgrenzung und Verflechtung), 배제와 상호영향 관계(Abgrenzung und Wechselbeziehung), 분단되었지만 공통되기도 한 역사(getrennte und gemeinsame Geschichte), 비대칭적 관계사(aymmetrische Beziehungsgeschichte) 등은 동·서독 관계의 본질을 파악하기 위해 클레스만이 사용했던 용어로, 이 글의 중심사상을 지칭하는 핵심개념들이다. 연구대상의 전체적 관계를 중요시하는 클레스만의 시각은 동·서독 역사 연구에서는 새로운 것이지만, 서양의 근대화과정을 분석할 때는 이미 많이 알려진 방법론이다. 그 대표적인 예가 월러스틴의 세계체제론이다. 또한 클레스만의 이 개념은 국내

연구자들에게도 전혀 낯선 것이 아니다. 한국 내 연구자 중 박명림은
『한국전쟁의 발발과 기원』(나남, 1996)에서 남북관계를 일컬어 "대쌍관
계동학"이라는 용어로 비슷한 개념을 표현한 바 있다. 박명림의 "대쌍
관계동학" 개념은 졸버그(Aristide Zolberg)가 근대국가 형성과정에서 영
국과 프랑스의 상호 연관관계를 설명하기 위해 만든 개념인 "interface
dynamics"를 번역한 것이다. 영국과 프랑스의 근대국가 형성과정은 독
립적인 과정이 아니라 긍정적이건 부정적이건 상호간에 상대방을 긴밀
히 의식하면서 국내체제를 근대국가로 구축해나간 것임을 파악하기 위
해 이 개념을 만들었다("Strategic Interaction and Formation of Modern State
: France and England", International Social Science Journal. Vol. 32 No. 4,
1980, pp. 687~716). 박명림은 남북분단과 전쟁연구의 총체적 시각을
마련하기 위해 이를 원용했다. 또한 한반도의 1970년대 독재체제인 북
한의 유일체제와 남한 유신체제의 상관관계를 분석한 이종석도 이와
유사한 개념을 사용하고 있다. 그는 분단구조 중 1970년대의 이 두 독
재체제를 "적대적 의존관계"와 "거울영상효과(mirror image effect)"라는
두 개념쌍으로 분석했다. 여기서 "적대적 의존관계"란 남북이 서로 상
대방과의 적당한 긴장과 대결국면을 조성하여 이를 대내적 단결과 통
합 혹은 정권안정화에 이용하는 관계를 말하며, "거울영상효과"란 적
대적 일방의 행위가 상대방에게 대칭적 반작용을 일으키고 또 그것이
상호 상승작용을 일으켜 결국 적대적이지만 서로 닮은꼴로 발전하는
관계를 말한다(『분단시대의 통일학』, 한울아카데미, 1998 ; 「유신체제의
형성과 분단구조-적대적 의존관계와 거울영상효과」, 이병천 엮음,
『개발독재와 박정희시대-우리 시대의 정치경제적 기원』, 창비, 2004,
247~286쪽). 거울영상효과란 1950년대 냉전시기 미국과 소련의 관계를
설명하기 위해 제시된 것으로 '나에 대한 상대방의 왜곡된 인식이 상
대방에 대한 나의 왜곡된 인식과 "절묘하게도 유사한" 것'을 가리키는
말이다. 이 국제관계의 인식론은 냉전뿐 아니라 제1차 세계대전과 같
은 전쟁이나 분쟁의 원인과 발전과정을 설명하는 데도 유용하게 활용
된다. 이종석은 이것을 남북관계에 적용했다. 이 개념들은 한반도의 남
북관계나 독일의 동서관계를 설명하는 데 유용하다고 생각한다면, 서
로 다른 국민국가들의 관계에 대한 이론을 분단된 한 민족의 현실을
분석하기 위해 활용한 박명림과 이종석은 그 개념들에 더 활기찬 생명
력을 주었다고 볼 수 있다. 이러한 정황을 고려할 때 클레스만의 새로
운 연구시각의 지적 기원이 자못 궁금하다.

현대사에서 1945년 이후 시기를 서술할 경우 초기에는 강조점에 뚜렷한 차이가 나타나지만, 동·서독은 모두 어느 정도 전(全)독일지향적 성격을 보였다. 서독 학계에서는 바이마르 시기와 나치 시기가 현대사의 지배적 연구영역이었고 전후사 연구는 비교적 늦게 시작되었다. 대표적인 예는 널리 읽혔던 포겔장(Thilo Vogelsang)의 1966년 저서(dtv 문고판)인데,[7] 그는 이 책에서 동·서독의 역사가 정치, 외교사 중심으로 서로 맞물리도록 서술하려고 했다. 그리고 '중부독일의 운명'[9]*(예컨대 제6장) 문제는 단지 매우 짧게 다루어졌을 뿐이다. 현대사 교재로 기획되어 상당히 많은 부수가 판매되었던 릴게(Herbert Lilge)의 저서 『독일 1945~1963(Deutschland 1945~1963)』도 포겔장의 책과 비슷한 시각과 서술방식을 보이고 있다.[8] 이 책은 1967년 문학과 사건(Literatur und

---

9) (역자) "중부독일(Mitteldeutschland)"이라는 개념은 본래 19세기 언어지리학적 개념으로 고지독일(oberländisch)어권과 저지독일(niederländisch)어권의 중간정도 언어권을 가리킨다. 지리적으로 볼 때 19세기 통일독일의 중앙지역[서쪽으로 하르츠(Harz : 지역을 가로질러 舊 동·서독의 경계선이 그어졌다), 동쪽으로 오데르-나이쎄(Oder-Neiße)강, 남으로 튀링엔, 북으로 베를린)]을 가리킨다. 하지만 이 개념은 정치적 차원에서는 전혀 다른 의미를 지닌다. 제2차 세계대전 패전 이후 독일은 독일제국 당시의 동부지역 상당부분을 폴란드와 소련에 빼앗겼고, 이 "중부독일"지역은 대부분 동독의 영토가 되었다. 이렇게 되자 전후 서독인들은 폴란드와 소련에 빼앗긴 지역을 "동부독일(Ostdeutschland)"로, 동독 내지 소련점령지역을 "중부독일"로, 그리고 서독지역을 "서부독일(Westdeutschland)"로 불렀다. 1990년 통일 이후 "중부독일"은 더이상 이러한 의미로 사용되지 않는다. 왜냐하면 이 개념은 오데르-나이쎄강 동쪽지역을 회복되어야 할 失地임을 포기한 통일조약(4+2조약) 정신과 정면으로 반대되는, 빼앗긴 땅 "동부독일"과 함께 사용된 개념이기 때문이다.

Zeitgeschehen)출판사에서 발행되었다.

현대사의 시작을 1917년이 아니라 1945년이라고 보는 동독 통사당은 서독보다 훨씬 먼저 현대사 서술을 시작했다. 되른베르크(Stefan Doernberg)는 1959년 동독건국 10주년 기념일에 독일민주공화국의 성립에 대해 서술한 『새로운 독일의 탄생(Die Geburt-eines neuen Deutschland)』(1945~1949)을 출판했다.9) 이 책은 사실상 동독 지역만을 대상으로 하고 있지만 동독사 서술은 "독일 제국주의와 군국주의의 억제 그리고 평화애호와 민주주의에 기초한 독일통일 구현의 전 단계로서 평화조약 체결과 양 독일국가연합(Konföderation)의 결성을 통해 민족생존의 문제를 철저히 해결하려는 오늘날 우리의 투쟁"의 방향을 설정하는 데 기여하는 것이라 기술하고 있다. 그는 1964년에 집필한 『독일민주공화국 약사(Kurze Geschichte der DDR)』에서 이를 더욱 발전시켰다. 울브리히트(Walter Ulbricht)에 의해 주도된 여덟 권짜리 『독일 노동운동사(Geschichte der deutschen Arbeiterbewegung)』(1966)는 포스트모던적 용어를 빌려 표현하자면, '거대 서사(Meistererzählung)' 형식을 지니지만 역시 민족문제에 대한 핵심적인 내용들을 제시하고 있다.10)

그 후 신임 당 서기장 호네커(Erich Honecker)가 '공동의 민족' 개념과 결별할 것을 지시하면서 두번째 국면이 시작되었다. 그러나 1970년대 후반 이래 "유산과 전통"이라는 새로운 패러다임을 둘러싼 논쟁을 제외하면 독일 현대사 해석의 기본틀에는 큰 변화가 없었다. 그럼에도 불구하고 이 패러다임은 독일사의 부정적인 장들에 대해서도 한결 복합적으로 접근하도록 만들었다.

서독에서 동독사가 역사연구 대상이 된 것은 다소 늦은 편이었다. 1970년대까지 동독사는 주로 정치학이나 사회학의 영역에 속했다. 그러나 사민당-자민당 연립정부의 신동방정책, 국제사회의 동독정부 승인 그리고 양 독일 사회의 세대교체와 더불어 양 독일국가의 역사는 점점 더 독자적인 연구영역으로 독립되어 갔다. 이에 대해서는 많은 실례를 들 수 있다. 가장 두드러진 예로 1983년 이래 출판된 다섯 권짜리 『연방공화국 역사(Geschichte der Bundesrepublik)』를 들 수 있다.[11] 여기에는 대표적인 하나의 '거대 서사'가 존재하지 않았으며 현재도 마찬가지이다. '거대 서사'가 있다고 해도 기껏해야 여러 권의 책에 나뉘어 존재할 뿐이다. 그럼에도 불구하고 재정지원 요구가 있었고, 아마 실제로 이루어졌을 재정지원 덕분에 고품질의 종이에 양장본으로 제작되어 이 저작 시리즈에는 특별히 무게감이 실리게 되었다. 내가 여기서 언급한 예는 민족만 분단된 것이 아니라 역사서술 또한 분단되었다는 사실을 보여주는 것이다. 동독의 역사서술은 위로부터 지시된 반면, 서독의 역사서술은 변화된 정치지형을 반영하면서 점차적으로 이루어졌다. 1983년에 출판된 『연방공화국 역사』 서문에는 다음과 같은 내용이 있다.

　양 독일의 발전과정에서 점점 공통점을 찾기 어렵기 때문에 이들을 아우르는 역사서술은 점점 더 커다란 어려움에 직면하고 있지만, 전후 독일의 역사서술은 언제나 양 독일국가를 포함하고 있다. 서독 기본법의 전문은 양 독일을 아우르는 시각을 요구하고 있다. 그렇지만, 이 책에서는 기성 세대가 체험했고 젊은 세대들이 물려받은, 그

리고 독자적인 역사의식의 기초로 기능하는 서독의 역사만이 서술될
것이다.

1983년에 작성된 "독일연방공화국 역사의 전당(Haus der Ge-
schichte der Bundesrepublik)"[12]의 기획안도 이와 비슷한 입장에 바탕
하고 있었다. 이 역사관은 수도 본에 건축하기로 예정되었다. 그
러나 1990년 통일이 현실로 다가왔을 때 여기서 미묘한 문제들
이 초래되었다. 의심할 바 없이 이것은 대다수 서독인과 서독 역
사가들에게 지배적인 시각이었다. 전독일적 전망은 점차 서독
역사이해를 위한 장식물로 축소되어갔다. 서독 역사는 동독을
전혀 고려하지 않고서도 아무 문제없이 연구, 서술되었다.

이에 반해 서독에서 서술된 동독 역사서에는 당연히 서독 역
사에 대한 언급이 큰 비중을 차지했다. 이는 서방을 지향한 시각
이 모든 동독 연구의 핵심적 요소에 속하였기 때문이다. 동독사
연구에서 발견되는 이러한 경향은 거꾸로 서독의 역사를 서술하
는 데도 적용되었다. 슈타이닝어(Rolf Steininger) 같은 저자들은 최
소한 1961년까지 역사서술에서 동·서독을 모두 고려함으로써
두 국가의 관련성을 배제하는 경향에서 벗어났다. 그러나 여기
서도 양 독일의 역사가 서로 긴밀히 연결되어 있지는 않았다.[13]
마찬가지로 1983년에 출판된 벤츠(Wolfgang Benz)의 여러 권짜리
저작은 여기서 한 걸음 더 나아갔다. 그는 서독의 역사는 민족사
로 서술되어서도, 그렇다고 민족사 대신 민족분단의 애처로운
역사로 서술되어서도 안된다고 주장했다.[14]

1982년에 출판된 책(『두 개의 국가건설. 독일사 1945~1955』)에서 표명한 나의 기본입장은 당시의 이러한 일반적 경향에는 적합하지 않지만, 그렇다고 특별히 애국적이거나 또 전독일적 충동에 의해 형성된 것도 아니었다.[15] 나는 1949년까지는 동·서독의 역사를 통합적으로 서술하고, 1949년 이후부터는 병렬적으로 서술하고자 시도했으며, 가능한 한 비슷하게 시대구분하고 1960년대 근대화와 같이 실제로 견줄 수 있는 비교대상을 찾아 기술하고자 노력했다. 이 과정에서 나는 강요되거나 의도적으로 이루어진 특별한 형태의 상호 배제와 공개적이거나 은폐된 형태의 연관관계 및 상호 영향관계에 주목하게 되었다. 내 생각에 이것은 전후 독일 역사의 각 단계에서 핵심적 문제였고, 지금도 마찬가지이다. 이 문제는 분단종식 후 새로이 정치적 무게를 얻었는데, 그 이유는 상호 연관에 대한 시각이 더욱 정교하고 치밀해졌으며, 동시에 새로운 사료들을 통해 이러한 관계를 면밀하게 연구하는 것이 가능해졌기 때문이다. 이 문제에 대해서는 뒤에 다시 언급하겠다.

결론적으로 나는 볼프룸(Edgar Wolfrum)이 서독의 역사정책(Geschichtspolitik)을 분석하면서 종합적으로 정리한 다음과 같은 내용이 양 독일의 역사서술에도 타당하다고 생각한다.

1989년 5월 서독의 자기긍정(Selbstanerkennung)은 최고 단계에 도달했다. 건국 40주년을 기념하는 수많은 정치연설뿐만 아니라 여론조사 자료들은 서독이 '민족(Nation)'으로 받아들여졌음을 입증해준다. 서독은 좌파의 업적일 뿐만 아니라 아데나워의 업적이었다.…… 이

국가는 결국 안정되었고 시민들의 역사의식 속에 견고히 자리잡은 듯했다. ― 이것은 바로 헝가리 국경수비대가 철의 장막을 철거하기 시작하던 순간의 상황이었다.……16)

나는 대략적으로 소개된 이러한 전후사의 연구 틀들을 객관적이고 종합적으로 평가하고, 이를 역사화할 것을 제안한다. 이 연구들은 사실상 당시의 정치지형과 의식상태를 반영하는 것이지만, 그 내용과 전문용어들은 여러 측면에서 수정될 필요가 있기 때문이다. 그렇다고 1990년 동독 현대사 연구가 무(無)에서 시작되어야 한다는 것은 결코 아니다. 다만 상대적으로 적은 경험적 자료에 기초한 역사서술은 상당부분 그 기본 틀뿐만 아니라 세부사항까지도 수정될 필요가 있다는 점을 지적하는 것이다.

두 국가체제가 지속되리라는, 통일 이전까지 지배적이었던 전망이 오류로 입증되었다는 사실, 그리고 베를린이나 동독을 방문한 사람들이 독재 메커니즘과 그 결과를 충분히 관찰했음에도 불구하고 동독의 독재를 너무 적게 언급하고 서술했다는 사실은 서독이 가지고 있던 "(부분적으로) 왜곡된 동독 이미지"17)에 대한 자기비판의 계기를 제공해준다.

그렇다고 해서 이것이 최근에 역사적 평가를 해야 하는 많은 분야(예컨대 동독인들의 체제저항)에서 나타나고 있는 1950년대 냉전적 사고로의 복귀 경향을 강화하는 추동력은 되지 못한다.18) 전체주의 개념의 적용범위를 제한해야 한다는 내용의 토론은 이에 대한 예가 될 수 있다.10)* 내가 정작 위험하게 생각하는 것은 전후 독일사를 1990년 시점에서 해석하는 목적론적 시각이다. 이런 시각에서 보면 동독은 결국 단계적으로 멸망해가는 역사에 불과하게 된다.[19] 또한 이런 시각에서 보면 잠재되어 있던 민족사가 다시 슬그머니 뒷문으로 들어올 수 있고, 40년간의 동독 독재는 본질적으로 소련이라는 외세지배의 역사가 되어버린다. 이런 접근법은 무엇을 암시하든, 나에게는 문제가 많은 것으로 보인다. 왜냐하면 이러한 해석은 역사과정의 상대적 개방성을 부정하고, 완전히 다른 발전단계들을 지나치게 획일화할 뿐 아니라 상이한 경험사적 조사결과들을 무시하기 십상이기 때문이다.

새롭고 총체적인 연구시각을 요구하는 것은 동·서독 전후사에 좀더 복합적으로 접근하기 위해서이다. "배제와 상호 연관"이라는 개념쌍은 공동의 과거이자 동시에 서로 분리되었던 과거이기도 한 모순된 성격을 띠고 있는 전후 독일의 상황을 암시한다. 이러한 모순은 아직도 세부적으로 밝혀지지 않았다.[20] 위의

---

10) (역자) 전체주의론은 1970년대부터 학문적 인식틀에서 조금씩 관심 밖으로 밀려나기 시작했으나, 동구권 붕괴 이후 새롭게 르네상스를 맞고 있다. 전체주의론의 정치도구화라는 위험성이 많이 사라진 점뿐 아니라 각종 사료와 증언을 통해 동구 사회의 실상이 공개되면서 과거 전체주의론을 검증할 수 있는 기회가 제공된 것이 이러한 붐을 가능하게 했다. 공산당 독재체제의 "전체적" 지배가 사실임을 입증하는 자료도 많이 나오고 있지만, 이와 반대로 그 지배력이 주민들의 일상에까지 침투하지 못하여 많은 일상의 자유공간이 존재했음을 입증하는 자료도 꽤 제시되고 있다. 이러한 모순되는 다양한 자료들 덕분에 전체주의 개념은 매우 세밀하게 재규정되어가고 있으며, 따라서 그 적용범위는 냉전기의 개념적용 범위에 비해 매우 제한되었다. 이에 대해서는 윤용선, 「나치즘과 스탈린주의의 비교 : 전체주의론의 정치적 성격에 대한 비판적 고찰」,『서양사론』제73권, 2002. 6, 91~122쪽을 참조.

개념쌍이 연구에 유용한 까닭은 동독에 자명한 것이 비록 강도
는 덜하지만 서독에도 해당되기 때문이다. 서독의 역사는 정치
학자나 역사학자들이 인식해온 것보다 훨씬 강하게 동독의 영향
을 받았다. 이런 맥락에서 사람들은 서독 정치가들의 정책결정
과정이나 시민들의 태도에 직접 영향력을 행사하려 했던 통사당
과 국가안전부(Stasi) 그리고 대중조직들의 직접적인 시도들을 먼
저 머리에 떠올릴 것이다. 『침투된 공화국(Die unterwanderte Repu-
blik)』[21]이라는 도발적인 책제목은 세인들의 주목을 끌기 위한
것이기도 하지만, 동독이 서독에 미쳐온 영향에 대한 뒤늦은 두
려움을 반영한 것이기도 하다. 하지만 통사당 정부 문서고가 공
개되어 통사당 정부가 행한 실제 역할이 밝혀졌음에도 불구하고
이러한 판단들은 신뢰받지 못했다. 왜냐하면 중무장을 갖춘 억
압기구였던 국가안전부의 비참한 몰락뿐 아니라 통사당과 자유
독일노조연맹(FDGB)[22]이 많은 비용을 들여 추진한 '서방 공작'을
더 정확히 분석한 결과 위와 같은 판단이 전혀 근거 없음이 사
실로 드러났기 때문이다. 반면에 더 흥미롭지만 더 파악하기 어
려운 것은, 공산주의 독재의 존재가 민족분단의 구조 안에서 서
독의 내적 발전과 정치문화에 미친 간접적 영향이다. 이와 반대
로 경제적 번영을 수반한 서독의 의회민주주의는 동독에게 통제
할 수 없는 자석 효과를 발휘했다. 이러한 맥락에서 동·서독 국
가와 사회의 '비대칭적 관계사'가 추적될 수 있으며, 이것은 분
단된 양 독일을 포괄하는 '전독일'적 전후사 구상의 핵심 요소가
될 것이다.[23] 이로써 동독 몰락 이후에 구상된 하나의 민족사 —

지난 20년 동안에는 이러한 민족사를 위한 실제적인 작업을 하지 않았다 — 의 매우 복잡한 현실이 정확하게 반영될 수 있을 것이다. 또한 동·서독 관계사는 전세계적 동·서 갈등의 틀 속에 놓여있었던 "독일의 특수한 갈등"의 정치적·사회적 단면을 선명하게 부각시킴으로써 독일 분단사를 세계적 차원의 냉전에 병렬하는 역사 이상의 것이었음을 보여주게 될 것이다.

아래에서는 이러한 상호 연관성이 분석될 수 있는 다양한 주제들을 몇 가지 간략하게 소개하겠다.

3. 새로운 연구시각의 주요 테마들

1) 나치 과거청산

나치 과거라는 공통된 부담에 대한 처리는 의심할 바 없이 상호 배제와 연관이라는 이중성을 해명해줄 수 있는 의미있는 사례에 속한다. 동독의 '위로부터 지시된 반파시즘(verordnete Anti-faschismus)'은 1990년 이후 동독사 분야에서 특히 많이 논의되는 주제이다.[24] '위로부터 지시된 반파시즘'은 통사당이 내세운 정당화이데올로기의 중심 내용이었다. '반파시즘적 민주주의적 변혁'을 동독의 전사(前史)로 자리매김하는 것과 1968년 동독헌법 제6조의 (동독은 자기 영토 안에서) "독일 군국주의와 나치즘을 완전히 뿌리뽑았다"는 구절은 반파시즘 투쟁에 근거하여 통사당

체제를 정당화한 구체적인 표현들이다.

이외에 기념장소들, 역사전시실(Traditionskabinetten), 기념일, 교과서, 거리이름 등 다양한 형태로 반파시즘과 저항투쟁을 의례화(儀禮化, Ritualisierung)하였는데, 이 역시 통사당 체제의 정당성을 확보하기 위한 노력의 일환이었다. 파시즘은 대자본과 대토지소유구조에 근거하고 있다는 관점이 위와 같은 단순화된 해석의 토대이다. 평범한 대중은 나치에 의해 오도되었다고 여겨졌으며, 그래서 전체적으로 과거에 대한 책임에서 벗어날 수 있었다. 이처럼 나치 시기(혹은 시대) 독일인을 영웅, 악당 그리고 협력자라는 범주(Kategorie)들로 구분하는 것은 소위 나치 시기의 사회경제적 관계들이 잔존할 뿐만 아니라 정치적으로 나치 전력이 있는 인물들도 청산되지 않은 서독으로부터 동독을 명확하게 구분시켜 주었다.

벤더(Peter Bender)는 이와 같은 일방적이고 편향된 시각을 이렇게 표현했다. "히틀러는 마치 서독인인 것처럼 여겨졌다."25) 통사당은 이런 극단화를 통해 나치 시대에 행사된 것과 같은 독재적 억압이 단지 다른 모습으로 동독에서 연속되고 있음을 은폐할 수 있었다. 의례화된 반파시즘의 피상적이고 선전을 위해 왜곡된 형태는 '갈색 연방공화국(braune Bundesrepublik)'11)*에 대한 거친 공격과 결합되었으나, 이 모든 것은 서독 내에서 비판적 논

---

11) (역자) 나치 당복이 갈색이기 때문에 갈색은 흔히 나치를 상징하는 수사로 사용되었다. 예컨대 '갈색혁명(braune Revolution)'은 '나치혁명'을 의미한다. 따라서 '갈색 연방공화국'이란 나치와 서독의 연속성을 암시하는 상징적 수사이다.

쟁이나 분석을 촉진시켰다기보다 오히려 방해했다. 서독의 전체주의이론은 비판적 논쟁 대신에 과거의 짐으로부터 동독의 '붉은 독재'로 관심을 돌린 것이다. 그러므로 서독에 대한 동독의 여러 비난들은 처음부터 서독에서 신뢰받지 못했다.

역사서술에서는 이와 같은 부정적 영향관계가 정치적으로 특별히 부담스러웠던 분야인 '동유럽 연구'에서 가장 첨예한 형태로 드러난다.26) 동독 역사가들은 1950년대 중반 이래 극단적인 공격과 왜곡된 인용을 통해 소위 '동유럽 연구자들'을 비판하고, 중세부터 아데나워 동방정책까지의 연속성을 주장함으로써 서독인들로 하여금 역사서술에서뿐만 아니라, 정치적으로 중대한 문제들12)*에 대한 내용분석을 회피하는 데 용이하도록 만들었다. 1998년 프랑크푸르트 역사가대회에서 주목을 끈 논쟁의 본질적인 부분들은 1950년대와 1960년대 동독의 연구업적을 통해 이미 알려질 수도 있었다.13)* 그러나 이것은 오랫동안 무시되어 왔다.

---

12) (역자) 예컨대 나치와 관련된 서독 역사가들의 과거를 들추어내는 문제들이 여기에 해당된다.

13) (역자) 이것은 서독 초창기에 가장 영향력이 있었던 역사가 콘체(W. Conze)의 나치 관련 전력에 관계된 것이다. 동유럽 연구가들은 나치 집권시기 동프로이센 쾨닉스베르크대학의 유대인 제거를 포함하여 독일의 동유럽 점령을 위한 연구를 수행했다. 이러한 사실들은 그동안 서독 역사학계에서 주목받지 못하다가, 프랑크푸르트 역사가대회에서 처음 집중적으로 다루어졌다.

2) 여성, 가족, 사회정책

다음 분야는 양 독일의 여성정책과 가족정책이다. 특히 아데
나워 정권기 뷔르멜링(Familienminister Wuermeling)이 가족부장관으
로 있을 때 여성의 직업활동을 부정적으로 보는 시각과 전통적
여성상이 부활했다. 이러한 현상은 여성의 높은 직업활동률을
보여주고 있는 동독과 반대되는 이미지라는 이유에서 추가적으
로 정당성이 부여되었다.[27] 이 메커니즘이 사회정책의 모든 영
역에서 어느 정도 타당성을 갖는지에 대해서는 논란의 소지가
많지만, 아직까지 이에 대한 연구는 미진한 상태이다. 그러나 동
·서 대결구도 속에서 서독이 이룩한 업적이나 서독 체제의 결
함들이 동독의 사회정책적 계획 추진과 실현을 위한 논거로 활
용되고, 그 역으로 동독의 업적이나 결함들이 서독에도 마찬가
지로 활용되었음은 분명하다. 예컨대 아데나워는 1957년에 실시
한 대규모 연금제도 개혁의 중요한 이유로 "점령지역(동독) 사람
들에게(für die Menschen aus der Zone)" 서독은 사회적으로도 매력적
이어야 한다는 논리를 제시했다.[28] 다른 한편 통사당은 서독의
주간노동시간 단축에 압력을 받아 1967년에 주 5일 근무제를 도
입했는데, 이는 울브리히트가 제7차 통사당 전당대회에서 언급
한 것처럼 경제력이 허용하지 않았음에도 불구하고 실행한 것이
었다.[29]

3) 외교정책

외교정책에서도 마찬가지로 동·서독이 서로 영향을 주고받는 긴밀한 상호 관계가 형성되었다고 할 수 있다. 두 독일국가는 각기 본래 독일을 대변할 정통성이 자국에 있다고 주장했다. 동독이 과거와 단절된 '새로운 독일'로서 정치적 동등권을 요구하고 서독의 동유럽 진출을 차단한(울브리히트 독트린) 데 반해, 서독은 민주주의적 정당성을 근거로 동독을 철저히 인정하지 않았다(할슈타인 독트린). 아프리카와 아시아 제3세계 국가들에 대한 지원정책에서도 양 독일국가들간의 경쟁은 특히 눈에 띄었다.

4) 교육정책

1961년 베를린 장벽의 건설이 동독에서 "비밀스러운 사실상의 건국일(heimlicher Gründungstag)"로 지칭되는 것은 사실 정당하다.[30] 베를린 장벽은 1960년대 동독의 안정화와 현대화 노력의 전제조건이었다. 물론 이는 당장은 동독주민들에게 실망을 주는 충격적 경험이었다. 그러나 중기적으로는 이를 통해 동독주민들이 불가피한 분단현실을 받아들이고 이에 적응하게 되었다. 더불어 동독인들은 공적 분야보다 사적 분야에 더 많은 관심을 두게 되었는데, 노박(Kurt Nowak)은 이러한 경향을 무기력화라고 지적한 바 있다. 동독보다는 덜하지만 서독도 베를린 장벽 건설로 상당한 영향을 받았다. 투자 없이 얻을 수 있었던 동독 숙련노동자들의 유입이 돌연 중단된 것이 이에 속한다. 그 결과 서독에서는 외국인 노동자 수가 갑자기 폭발적으로 증가했다.

1968년 이전부터 시작된 『독일교육의 붕괴(deutsche Bildungs-katastrophe)』(피히트 Georg Picht, 1964)에 대한 논쟁14)* 또한 넓게 보면 이러한 범주 속에서 전개되었다고 할 수 있다. 왜냐하면 서독에서 교육제도의 개혁이 상당히 뒤늦게서야 사회경제적 문제의 최우선적 과제로 부상한 데는 1961년까지 동독 숙련노동자들의 서독 쇄도가 중요한 원인으로 작용했기 때문이다. 동독에서는 경제적·정치적 이유로 인해 처음부터 교육제도가 대단히 중시되었다.31) 이와 관련하여 흥미로운 것은 서독에서 일어난 현저한 인식상의 변화이다. 물론 정치적인 면에서의 유보 입장에도 불구하고 서독의 사용자 저널들에서도 융통성 있게 개선된 동독의 학제에 호평을 보냈으며, 서독 학제와의 비교준거로 여겨지기도 했다.

5) 청소년문화

청소년과 청소년정책은 공통되면서도 분리된 역사 중에서 일

---

14) (역자) 『독일교육의 붕괴』는 교육학자이자 철학자인 피히트(Georg Picht)의 1964년 저작으로 1960년대 중반 독일의 교육제도(중등·고등교육) 개혁에 중요한 자극이었다. 피히트는 1950년대부터 연방정부와 지방정부 교육위원회에서 활동하면서 서독 교육기관들의 낙후된 시설, 낙후된 교수와 교사진, 성·종교·지역에 따른 교육기회의 불평등 그리고 너무 낮은 진학률 등이 서독 경제발전에 필요한 인력양성에 큰 걸림돌이라고 주장했다. 또 한편 그는 실용주의적 교육 또는 직업교육을 강화할 필요성을 강조하기도 했다. 연방정부는 1965년 이러한 요구들을 수용하여 대대적인 개혁을 단행하기 시작했다.

상생활과 삶의 방식에 대한 비교가 가능한 주제로 매우 흥미로운 영역에 속한다. 비얼링(Dorothee Wierling)은 다양한 연구논문들과 최근에 출판된 1949년 출생자를 다룬 저서에서 문서자료와 삶의 이야기에 관한 인터뷰에 근거하여 동·서독의 국경폐쇄가 어떻게 새로운 형태의 사회적 합의와 근대화 노력의 강화로 귀결되었는지, 그리고 그것이 어떻게 지속적으로 "공화국에서 정신적으로 탈출하기(geistige Republikflucht)", 즉 서구 팝 음악과 이와 연결된 하위문화적 삶의 방식에 대한 청소년들의 두드러진 선호로 귀결되었는지에 대해 상당히 명확하게 설명하고 있다.[32]

이로부터 발생한 긴장관계가 정치적 현안으로 부상하기도 했는데, 특히 악명 높은 통사당 중앙위원회 칼슈락 총회(Kahlschlag-plenum. 1965)[15]* 이후 통사당은 이러한 세대간의 문화갈등을 정권에 유리한 방향으로 해결하려는 노력을 강화했다. 이 노력은 매우 결연한 자세로 추진되었지만, 성공하지는 못했다. 1965년 라이프치히에서 열린 비트 실연공연(Beat-Demonstrationen)에 대한 강경한 탄압과 통사당 중앙위원회의 위촉으로 작성된 기묘한 느낌을 주는 문건 「유행가 부분에서 계급투쟁에 대한 의견서」(1967)는 모두 이러한 통사당의 노력의 일환이었다. 통사당의 교육담당자들이 보기에 청소년들은 항상 내부의 적이었다. 이로부터 야기된 단절로 인해 청소년들에 대한 통사당의 영향력은 더

---

15) (역자) kahlschlagen이란 본래 산의 나무를 모두 베어 민둥산으로 만든다는 뜻인데, 제2차 세계대전 이후 독일 문학계에서는 나치 과거를 완전히 청산하고자 하는 미래지향적 운동으로 지칭한다. 이 운동은 동·서독 양 지역에서 모두 나타났다.

욱 약화되었다.

이 문제는 호네커 정권 초기에 잠시 시행된 문화자유화정책 이후에도 해결될 수 없었다. 이에 비추어볼 때 청소년과 청소년 정책이라는 주제영역은 첨예한 외적 분단에도 불구하고 한 사회 체제를 초월하는 전지구적 성격의 청소년문화 형성과정에서 나타나는 유사성과 상응성을 인식하게 한다. 그러므로 청소년문화 연구를 통해 전독일적 차원에서 문제의 동일성과 이에 대한 상이한 대응들을 쟁점화할 수 있을 것이다.

6) 노동운동

끝으로 필자는 두 가지 중요한 문제영역, 즉 노동운동과 개신교회(evangelische Kirche) 문제를 논의해보고자 한다. 이 두 영역은 동·서독의 상호 배제와 연관이라는 두 측면의 혼합된 성격을 명확히 보여준다.

노동운동의 사례는 사실 의외일 것이다. 왜냐하면 시민적-의회주의적(bürgerlich-parlamentarisch) 공화국은 "독일 땅에 수립된 최초의 노동자·농민 국가"와 별로 관련성이 없는 것처럼 보이기 때문이다. 그러나 이 주제는 다양한 측면을 지니고 있다. 그 가운데서 두 가지, 즉 통사당이 해결하지 못한 문제인 '사회민주주의'와 '노동자국가'의 존재가 서독 내부 노동운동의 전개에 미친 간접적 영향33)을 언급하고자 한다.

통사당은 사회민주주의 개념을 모호하게 정의했다. 이는 정치선전상으로는 유용했으나, 노동자들에게는 그 개념이 계속 모호한 채로 남아있었기 때문에 사회주의와 확연하게 차별화할 수 없었고, 그래서 사회민주주의에 대한 동독 내부에서의 투쟁도 쉽지 않았다. 또한 특별한 방식으로 사회민주주의와 다른 이데올로기적 사회정책 대안을 가지고 서독에 접근해야 하는 상황이었기 때문에 특히 위험했다. 즉 사민당과 노동조합은 통사당이 대서독 정책에서 선호한 파트너였기 때문에 한편으로 이들과 협력하면서, 다른 한편으로는 자기 진영(동독) 내에서 사회민주주의에 대항하는 이데올로기적 투쟁을 해야 했다. 다시 말하면 통사당은 두 가지 모순되는 노력 사이에서 거의 성공할 가능성이 없는 어려운 줄타기를 했던 것이다. 1960년대 서독에서 사민당이 정권을 잡으면서 표방한 신동방정책과 신독일정책은 통사당 입장에서 볼 때 이미 좌초된 아데나워의 '힘의 정치'의 위험한 변형에 불과했다. 그런 의미에서 동독의 외무장관 빈처(Otto Winzer)가 이 정책들을 가리켜 "소리나지 않는 슬리퍼를 신고 은밀하게 공격하는 것(Aggression auf Filzlatschen)"이라고 말하고, 서독의 에곤 바(Egon Bahr)가 "접근을 통한 변화" 정책을 사회민주주의의 활동방식이라고 지적한 것은 전적으로 타당하다.

통사당과 산하 대중조직들의 다양한 노력, 즉 '서방 공작'을 통해 서독의 발전과정에 영향력을 행사하고자 한 노력들은 투자비용에 비해 크게 실패한 반면, 원치 않았던 다른 영향은 훨씬 두드러졌다. 서독의 일반인들에게 동독의 존재는 1953년 선거 때 나온 유명한 문구에서 강하게 암시된 바와 같이, '맑스주의의 모든 길은 모스크바로 귀결된다'는 말을 설득력있게 만들었다. 이러한 '냉전기의 내전(kalter Bürgerkrieg)'이라는 정치형세하에서 서독의 노조 지도자들과 사민당 지도자들은 계급정당으로서 사민당의 핵심 강령을 유지하는 것과 (독일 사회주의 노동운동의 유산이 요구했던) 동독과의 거리를 강조하는 것 사이에서 어려운 줄타기를 해야 했다. '전통이라는 거추장스러운 짐을 벗어던지는 것'과 사회민주주의 노동운동을 서독의 자유주의적 의회민주주의 내로 통합하는 것은 외교정책과 국내정책의 배경조건에 비추어볼 때 장기적으로 회피할 수 없는 방향전환의 과정이었다.

그런데 이 과정이 비교적 신속하고 잡음 없이 진행된 것은 국토분단이라는 사실과 분단된 국경 너머에 있는 '노동자국가'가 서독인들에게 위협적으로 여겨졌던 것과 연관된다. 이런 맥락에서 서독공산당(KPD)의 완전한 무력화와 더불어 사민당의 온건한 노조전략과 고데스베르크의 방향전환 역시 통사당의 존재에서 기인한 것이라고 강조할 수 있다. 서독 노동운동의 고유한 전통의 혁신과(이것은 쉽지 않았다) 건국 초창기에는 복고적이라고 여겨졌던 서독의 사회적 재편에 대한 요구는 냉전과 국토분단이라는 조건하에서 하나의 새롭고 드라마틱한 관심의 초점으로 대두되었다.

7) 교회와 민족문제

끝으로 개신교회의 역할에 관해 이야기하겠다. 이 영역에서

전개된 다양한 국면들을 통해 공통성과 단절성의 긴밀한 혼합을 특히 잘 관찰할 수 있다.34)

독일 프로테스탄티즘의 정치적 유산은 모순적이며 많은 문제를 지니고 있었다. 제2제국 시기 정치와 종교의 결합으로 연유된 민족보수주의적 전통은 바이마르공화국 시기에도 지배적이었고, 국가사회주의와의 부분적 협력도 촉진시켰다. 그 과정에서 국가사회주의가 원칙면에서 전통적 민족주의와 다르다는 점은 너무 늦게, 그리고 단지 소수에게만 인식되었을 따름이었다.

민주적 국가형태에 대해서는 전통적으로 친화적이지 않은 반면, 민족주의적 당파들에 대해서는 친화적인 개신교회의 태도가 1945년 디벨리우스(Otto Dibelius)와 니묄러(Martin Niemöller) 같은 서로 다른 경향의 저명한 교회대표자들에게서도 명확히 확인되었다. 이것은 매우 충격적이었다. 그럼에도 불구하고 1945년 이래 고백교회(Bekennende Kirche)와 형제회들(Bruderschaften)16)*에서는 이와 다른 입장이 정립되었다. 이 새로운 입장은 양 독일국가에서 국가와 정치의 관계를 규정하는 데 대단히 중요한 의미를 지닐 것이었다.

하이네만(Gustav Heinemann : 1948년 아이제나흐에서 전독일 대표기관으로 창립된 독일 개신교회연합 총회 EKD Synode 의장)17)*은 서독의 초대 내무장관이었지만, 1950년 무조건적 서방통합을 추

---

16) (역자) 고백교회와 형제회는 나치에 저항한 개신교 소수파에 속한다.
17) (역자) 애초 이 기구는 동독의 개신교까지 포함하는 전독일적 기구로 출범했지만, 1969년 동독의 개신교는 여기서 분리되었다.

진하는 아데나워 노선에 반대하여 장관직을 사임했다. 그는 전독일인민당(Gesamtdeutsche Volkspartei : GVP)을 창당하여 정치적 대안을 제시하고, 이를 실현하고자 노력했다. 비록 정치적으로는 참패했지만, 전독일을 지향하는 그의 입장은 교회진영에서 오랫동안 영향력을 행사했다. 왜냐하면 그의 시도는 가톨릭과 달리 독일 프로테스탄티즘의 기본문제와 관계되어있었기 때문이다. 또한 하이네만 같은 분파의 강령에는 교회가 세속국가의 사회정책에 대한 책임까지 감당해야 한다는 특성도 있었다. 이는 '전체주의 국가의 악령들'에 대한 경험에서 얻은 교훈인 사회의 '재기독교화'에 대한 요구(이 요구는 디벨리우스에 의해 강력히 제기되었다)와 거리를 두는 것을 의미했다.

1950년대 말 이래 독일 개신교회연합의 진독일적 지향방식은 점차 재통일을 직접 요구하는 데서 한 발 물러나 평화와 화해를 촉진하자는 상징적 제스처를 더 강조하는 것으로 바뀌었다. 이를 두고 바이어(Ulrich Bayer)는 "국가를 초월하는 책임의식 속에서 '더 높은 수준의 민족성'을 지향하는 독일 정체성의 한 부분이 확인되었다"고 말했다.[35] 이러한 집단적 정체성의 형태는 양국가에서 '속죄운동(Aktion Sühnezeichen)'[18]*이라는 단체의 창설과 '세계를 위한 식량(Brot für die Welt)'운동을 공동 실천하는 속에서 표현(이것은 민족적 범위를 훨씬 초월한다)된 것이다.

동독에서도 서독의 경우와 부분적으로는 비슷하지만, 부분적

---

18) (역자) 이는 나치에게 피해입은 유대인과 외국인에 대한 속죄를 위해 창설된 운동이다.

으로는 완전히 다른 전선들이 형성되었다. 그 결과 독일 개신교회연합은 전독일 교회로서 민족정체성 문제에 정치적으로 다른 가치를 부여하는 입장을 표명할 것을 강요받았다. 사회주의 성년식(Jugendweihe), 학교정책 그리고 독일 개신교회연합이 1957년에 서명한 종군목사 활동에 대한 협약(Militärseelsorgevertrag)을 둘러싸고 동독 정권과 격렬히 갈등하면서 동독의 교회는 더욱 궁지로 내몰렸고, 그것은 독일 개신교회 전체에 영향을 미쳤다. 1961년 베를린 장벽이 축조되면서 가해진 교회외적 강제로 인해 비로소 새로운 교회정책상의 고려가 시작되었다.

종군목사 활동에 대한 협약은 1957년 이미 통사당과 동독 개신교회 지도부 사이에 불화를 초래했다. 1958년 교회지도부와 그로테볼(Grotewohl) 총리 사이의 협의에서 사회주의체제의 관용 문제가 조심스럽게 고려되었지만, 이것은 주목할만한 긴장완화를 가져오지 못했다. 통사당은 학교정책에서도 기독교인을 매우 차별했는데, 이것은 한편으로 주민들을 교회에서 멀어지게 했지만, 다른 한편으로는 열린 마음으로 무신론적 국가를 대하고자 하는 동독 기독교인들의 호의적인 노력을 어렵게 만들었다.

그러나 동독 교회의 기본적인 딜레마는 1950년대 말에 이미 뚜렷해졌다. 교회는 무신론적 국가의 교회정책을 거부한다는 분명한 입장을 표명함과 동시에 하나의 분파로 축소되었고, 그로써 본의 아니게 문화공동체(Kultusgemeinschaft)를 수립하려는 통사당의 목적을 충족시켜 주게 되었다. 반면에 교회가 계속 하나의 제도적 역할만 수행하고, 이와 더불어 교회의 사회적 의무 또한 수행하고자 할 경우 통사당-국가의 요구를 용인해야 하는 상황에 처하였다.

우리는 그동안 다음과 같은 것을 1989년 이전보다 더 정확하게 알게 되었다. 즉 서독에서는 민족문제가 공허한 고백 속에, 또는 정도의 차이는 있지만 어쨌든 결국 내용 없는 의례 속에서 해소된 데 반해, 통사당에게는 여전히 해결되지 않은 정치적 악몽이었고 오래도록 불쾌한 일로 남았다. 이러한 상황으로 인해 동독의 개신교회로서는 민족적 차원을 언급하는 것이 매우 어려웠다. 1987년 국가안전부 보고서는 "통사당 중앙위원회 총서기이며 동독 국가평의회 의장인 호네커 동지가 역사적으로 뜻깊은 서독 방문을 마치고 난 후, 이제 더이상 전독일적 환상은 그만두어야 한다, 독일적 벽난로에 대한 각종 환상은 의미가 없다, 그리고 사회주의와 자본주의는 불과 물 같이 서로 결합될 수 없다는 것이 전세계인들에게 명확해진 것처럼 호네커에게도 명확해졌음이 분명하다"고 기록하고 있다.[36]

다른 한편 1969년 동독 개신교회연맹(Bund der Evangelischen Kirche : BEK)은 독일 개신교회연합(EKD)에서 분리, 조직되었지만 이를 통해 오히려 교회활동을 포함한 모든 영역에서 양독간의 협력관계는 확실히 강화되었다. 예컨대 동독의 지역교회(Landeskirche)들은 서독 교회의 간헐적인 재정지원에 상당정도 의존했다. 동독의 교회재정에서 서독의 지원이 차지하는 평균비율은 최소 30%에 이르렀다. 통사당으로서는 유쾌하지 않지만 외화가 유입되었기 때문에 이런 관계를 승인하지 않을 수 없었다. 이

'특별한 공동체(Besondere Gemeinschaft)'는 우선적으로 신학적·영적 속성을 지닌다고 인식되었지만, 사실 이러한 성격만 지닌 것은 아니었다.

1984년 투칭(Tutzing)에서 개최된 복음주의아카데미(정치클럽 Politischer Club의 연초 모임)에서 행한 슈톨페(Manfred Stolpe)의 연설은, 내가 보기에 이 '특별한 공동체'에 대한 유연하면서도 그간 모호했던 부분을 해명해 주는 바가 많았던 것 같다. 슈톨페가 동독 개신교회 종교국 의장(Konsistorialpräsident)이었다는 사실과 독일정책에서 많은 전통을 지니는 투칭(1963년 에곤 바는 여기서 자신의 독일정책에 관한 연설을 했다) 지역에서 연설했다는 사실, 그리고 '서방 국가'에 처음 출현함으로써 취해야 했던 배려 등을 고려할 때 슈톨페의 진술은 각별히 중요했다.

슈톨페의 연설은 분명 양 독일의 '조율된 공존(geregeltes Neben-einander)'에 대한 정치적 옹호였다. 그는 우선 이 '특별한 공동체'를 평화정착을 위해 요구되는 양 독일의 안정에 교회가 기여할 수 있는 길로 받아들였다. 양 독일은 자기 진영을 포기하지 않고 "대화를 통해 자기계몽(Selbstklärung)에 대한 자극을 받아야 한다"는 대단히 애매한 표현으로 이 '특별한 공동체'에 의미를 부여했다. 공동의 과거, 전쟁책임 그리고 이에 대한 '책임공동체(Haftungsgemeinschaft)' 등이 대화에서 다루어져야 할 중점으로 예시되었다. 자립적이고 독립적인 파트너인 교회들간의 대화는 양 독간 정치대화의 모델로 인식되었다. 그러나 슈톨페는 이런 애매한 전망 속에 드러날 잘못된 환상을 경고했고, 이로써 민족문제의 핵심을 언급했다.

"오늘날 서독에서는 점증하고 있는 민족의식에 대해 이야기하고 있다. 서독인들은 독일 통일이 분명 도래할 것이라는 이야기를 듣고, 전독일 민족에 대해 심도있게 생각할 것이다. 그러나 나는 경고하고 싶다. 서독에서는 독일의 책임의식에 대해 보충할 필요가 있다. 우리는 동독에서 독일인(Deutschsein)으로서 사는데 아무런 문제가 없다. 우리가 독일인 또는 독일이라고 이야기했을 때는 동독인만을 고려한 것이 아니었음을 나는 확신한다. 양국의 독일인들이 하나의 민족에 속하는지 아닌지에 대해 논쟁하는 것이 과연 누구에게 유익할지 의문스럽다.…… 민족(Nation)이라는 개념은 어떻게 정의하느냐에 달려 있다. 그것은 다양할 수 있고 평화를 촉진하지 않을 수도 있다. 반대로 민족성(Nationalität)은 서로 다른 국가에 소속되어 있다는 사실에도 불구하고 논란없이 독일적이다. '독일적(deutsch)'이라는 형용사는 실재하는 사실관계를 서술한다. 반대로 민족(Nation)과 재통일 같은 개념은 특히 이웃 국가들에게 불안과 두려움을 조장한다. 독일의 민족주의적 계획을 평안히 바라볼 이웃 국가들의 사람을 나는 단 한 명도 알지 못한다. 이런 현상은 분명 로케트보다 더 사람들을 두렵게 한다. 그뿐 아니라 독일의 민족주의적 계획은 당분간은 완전히 비현실적이다."[37]

민족문제에 대한 동독 교회의 입장을 대표적으로 보여주는 것이 슈톨페의 이 연설이다. 1985년 뮌헨에서 쇤헤어(Schönherr) 주교가 행한 일련의 강연들은 또 다른 예가 될 것이다. 그의 강연에는 서독의 독일정책이 안고 있는 특별한 어려움이 반영되어있는데, 연설요지는 다음과 같이 이해된다. 즉 민족정체성(Nationale Identität)을 찾고자 했던 독일의 노력은 통일국가의 재건 포기를 의미하지만, 그러나 이는 역사적으로 그리고 무엇보다 종교생활 속에 형성된 독일의 민족성(Nationalität)과 정체성을 고수하는 것을 의미한다.

독일이 통일된 오늘날의 시각에서는 쉽게 이야기할 수 있는 것이지만, 당시 동독과 서독의 교회들은 전통적 의미의 민족문제가 이미 해결되었다고 간주함으로써 대부분의 정치가, 역사가 그리고 언론인들이 저질렀던 것과 동일한 역사적 실책을 범하였다. 그러나 역설적으로 표현하면, 이러한 실책은 통일 이전에는 운신의 폭을 얻기 위해 정치적으로 필요한 것이었다. 아주 놀랍게도 1990년에 정치가와 교회들이 다시 민족문제에 직면하게 되었다고 해서 민족정체성(이 정체성은 통계수치상의 어떤 크기가 아니며, 40년간 분단된 독일 전후사, 그리고 40년 동안 분단된 유럽 전후사 속에서 다양한 방식으로 각인되었다)을 복합적이면서 또한 분단상황에 맞게 이해하고자 했던 그동안의 다양한 노력들이 무가치해질 수는 없다. 이러한 점들이 역사서술의 중심적 위치를 차지해야 한다.

4. 전망

특정 영역의 역사와 특별주제에 대한 연구들이 당연히 정당한 자리를 차지하게 되겠지만, 앞으로 독일 전후사는 1990년까지의 경향과는 다르게 서술되어야 할 것이다. 이제는 전통적인 '독일 문제'가 중심에 놓여야 한다. 1978년 주정부 문화부장관 상설회의(KMK, 서독)에서 이러한 요구가 제기되었고, 격렬한 논쟁이 벌어지기도 했다.[38] 외부에서 관찰된 사건진행의 역사와 구조의 역사는 다양한 세대와 그룹들의 경험사(이것은 회고적 분석과 반드시 일치하지는 않는다)와 결합되어야 한다. 그래야만 포스트모더니즘적 임의성으로도 귀결되지 않고, 최근에 볼레(Stefan Wolle)가 공식 역사학계와 결별을 선언할 때 머릿속에 떠올렸음직한 한 편의 시 같은 역사이야기(poetische Geschichtserzählung)로 귀결되지도 않는다.[39]

이러한 다차원적 서술은 다양한 경험들이 그 안에서 단초적으로나마 확인되는 전체적 연구주제들이 한층 잘 수용될 수 있는 기회를 제공해준다. 그것이 구체적으로 어떤 모습을 띠게 될지 아직은 분명하지 않다. 킬만제그(Peter Graf Kielmansegg)는 최근에 출판한 책에서 사건의 진행, 구조와 각 개인의 경험을 함께 포괄할 수 있는 연구의 틀을 만들고자 시도했다.[40] 1999년 베를린 역사포럼의 한 분과에서는 분단시대 독일을 연구하기 위한 기본틀 문제가 논의되었다. 반사역사(Spiegelgeschichte), 대비역사(Kontrastgeschichte), 비대칭적으로 영향을 주고받는 관계사(asymmetrisch verflochtene Beziehungsgeschichte) 외에 체계적인 문제 중심의 역사연구방법이 제안되었다. 공통의 문제점과 각기 다른 해결방식은 1989년에 양 독일건국 40주년을 기념하여 출판된 『독일편람

(Deutschland-Handbuch)』이 근거한 개념이기도 하다.41)

이러한 구상들 중에서 어떤 것도 완전하지 않다. 전독일에 공통으로 통용되는 양 국가·사회의 전후사 서술은 시기구분에서부터 이미 실패할 것이다. 그러나 앞서 언급한 주제영역들은 단절과 상호 연관에 대한 기본적인 문제의식을 구체적으로 적용하는 출발점으로 기여할 수 있을 것이다. 연합국 점령시기의 역사는 대외정치적·사회적 상황과 문제에 따라 여전히 전독일적 시각에서 서술될 수 있는 반면, 분단 40년의 역사는 양 독일의 발전경로가 서로 너무나 상이하여 하나의 공통된 연대기적 틀 안에서 서술될 수 없다. 그러므로 시기구분은 각각의 영역에서 특히 중요한 시점들(이 시점들은 각 문제영역에서 매우 논란이 되고 있다)에 따라 행해져야 한다. 이러한 공통의 틀로는 보통 3개의 상위 준거영역이 예시된다. 이 세 준거영역은 동·서유럽 이웃국가들과 비교하여 독일 전후사의 특수성을 밝힐 수 있는 부분이다.

1. 분단 독일사를 규정하는 다양한 전개국면을 내포하고 있는 전세계적 대립으로서 동·서 갈등
2. 양 독일국가의 상대적 독자성과 양 독일국가의 형성과 결정에 존재했던 운신의 폭
3. 양 독일국가와 사회를 아우르는 공통된 요소들, 서로 배제하지만 서로 영향을 주고받기도 하는 관계의 특수성

이러한 기본구상들은 민주주의 역사와 독재의 역사, 성공과

실패의 역사들을 서로 잘 연결시켜야 한다. 하지만 그 방식이 직선적인 목적론에 입각해서는 안된다. 이것이 어떻게 가능할까라는 문제에 대해서는 아직 많은 논의가 필요하다. 1945년의 파국이 기회였다는 킬만제그의 출발점은 타당해 보인다. 그는 "서로 대단히 불균등한 두 개의 반쪽은 서로 많은 연관성을 지닌다"라고 서술하고 있다.[42] "독일로 하여금 민주주의를 실현할 수 있게 만든 것은 바로 1945년의 파국이었다. 또한 유럽 국가체제에 편입되어야 한다는 것을 독일에게 가르치고 독일이 스스로 새롭게 자신을 정의하게끔 강요한 것도 1945년의 파국이었다. 그렇다고 이것이 20세기 전반기에 경험했던 완전한 실패 속에 그 후반기 동안에 이룩한 독일사의 성공이 이미 정해져 있었음을 의미하는 것은 아니다. 1945년의 파국은 학습의 필요조건이었을 뿐 충분조건은 아니었다." 킬만제그는 파국에서 파생된 짐을 감당했던 것은 무엇보다 동독인들이었다고 강조한다. 그러므로 이 부담의 극단적이고 자의적인 불평등 분배는 1945년 5월 8일 이후 독일사의 근본문제 중 하나라는 것이다.

내가 보기에 이것은 설득력있는 시각이다. 그러나 상당히 거시적인 관점에 입각하고 있기 때문에 배제와 공유(Abgrenzung und Verklammerung)라는 특별한 형식, 동독의 붕괴가 아직 영향을 미치지 않았던 뚜렷하게 구별되는 발전단계와 세대별 경험에 대한 구체적 언급들을 제공해주지는 않는다. 그러나 킬만제그의 시각은 다양한 방식으로 보충되고 응용될 수 있으며, 1989/90년 시점과 비교하여 1945년 시점의 의미를 재평가하고, 모든 독일인들로 하여금 분단 직전 양국의 공통된 출발점을 상기시킨다. 서로 분리된 과거로부터 어떻게 하나의 받아들일 수 있는 공동의 역사를 구성할 수 있는가 하는 문제는 매우 어려운 것이어서 이로써 해결되지는 않았지만, 해결을 향해 좀더 가까이 와 있다.

(번역 : 김승렬)

1) Tagesspiegel, Oct. 30, 2000.

2) Lutz Niethammer, Kollektive Identität. Heimliche Quellen einer unheimlichen Konjunktur (Reinbek bei Hamburg, 2000).

3) Vogtmeier, Egon Bahr und die deutsche Frage (Bonn, 1996), p. 287ff. 참조.

4) Hermann Weber, ed., DDR. Dokumente zur Geschichte der Deutschen Demokratischen Republik 1945~1985 (München, 1986), p. 345ff.

5) 체제비판세력과 그들의 강령 구상들에 대한 상세한 서술과 분석에 대해서는 다음을 참조. Sung-Wan Choi, Von der Dissidenz zur Opposition. Die politisch alternativen Gruppen in der DDR von 1978 bis 1989 (Köln, 1999) ; Ehrhart Neubert, Geschichte der Opposition in der DDR 1949~1989, 2. durchges. Aufl. (Bonn, 2000).

6) Hartmut Zwahr, Ende einer Selbstzerstörung (Göttingen, 1993).

7) Thilo Vogelsang, Das geteilte Deutschland (München, 1966).

8) Herbert Lilge, ed., Deutschland 1945~1963 (Hannover, 1967).

9) Stefan Doernberg, Die Geburt eines neuen Deutschland 1945~1949 [(Ost-)Berlin, 1959].

10) Institut für Marxismus-Leninismus beim ZK der SED, ed., Geschichte der deutschen Arbeiterbewegung in acht Bänden [(Ost-)Berlin, 1966].

11) Karl Dietrich Bracher et. al., Geschichte der Bundesrepublik Deutschland in fünf Bänden (Wiesbaden, 1981ff).

12) Überlegungen und Vorschläge zur Errichtung eines "Hauses der Geschichte der Bundesrepublik Deutschland" in Bonn, Gutachten erstellt v. L. Gall, K. Hildebrand, U. Lüber, H. Möller (1984).

13) Rolf Steininger, Deutsche Geschichte 1945~1961. Darstellung und

Dokumente in zwei Bänden (Frankfurt/M, 1983).

14) Wolgang Benz, ed., Die Bundesrepublik Deutschland. Geschichte in drei Bänden (Frankfurt/M, 1983), Vorwort.

15) Christoph Kleßmann, Die doppelte Staatsgründung. Deutsche Geschichte 1945~1955 (Göttingen, 1982).

16) Edgar Wolfrum, "Geschichtspolitik in der Bundesrepublik Deutschland 1949~1989", Aus Politik und Zeitgeschichte, Vol. 45, 1998, p. 15.

17) Hartmut Jäckel, "Unser schiefes DDR-Bild", Deutschland Archiv, Vol. 22, 1990, pp. 1557~1565.

18) Peter Steinbach, "Teufel Hitler-Beelzebub Stalin? Zur Kontroverse um die Darstellung des Nationalkomitees Freies Deutschland in der ständigen Ausstellung 'Widerstand gegen den Nationalsozialismus' in der Gedenkstätte Deutscher Widerstand", Zeitschrift für Geschichtswissenschaft, Vol. 42, 1994, pp. 651~661을 참조.

19) Armin Mitter, Stefan Wolle, Untergang auf Raten. Unbekannte Kapitel der DDR-Geschichte (München, 1993).

20) Christoph Kleßmann, "Verflechtung und Abgrenzung. Aspekte der geteilten und zusammengehörigen deutschen Nachkriegsgeschichte", Aus Politik und Zeitgeschichte, Vol. 29·30, 1993, pp. 30~41. Arnd Bauerkämper, Martin Sabrow, Bernd Stöver, ed., Doppelte Zeitgeschichte. Deutsch-deutsche Beziehungen 1945~1990 (Bonn, 1998).

21) Hubertus Knabe, Die unterwanderte Republik. Stasi im Westen (Berlin, 1999).

22) Jochen Staadt, Die geheime Westpolitik der SED 1960~1961 (Berlin, 1993) ; Michael Lemke, Einheit oder Sozialismus? Die Deutschlandpolitik der SED 1949~1961 (Köln, 2001). FDGB는 동독 노조연맹이다.

23) Das Sonderheft des Potsdamer Bulletins für Zeithistorische Studien, No. 15, Aug. 1999를 참조하시오. 여기에는 1999년에 열린 베를린 역

사포럼의 한 분과에서 논의한 내용이 수록 정리되어있다.

24) 이와 관련된 많은 문헌 중에서 다음을 참조. Jürgen Danyel, ed., Die geteilte Vergangenheit. Zum Umgang mit Nationalsozialismus und Widerstand in beiden deutschen Staaten (Berlin, 1995). Antonia Grunenberg, Antifaschismus — ein deutscher Mythos (Reinbek bei Hamburg, 1993).

25) Peter Bender, Deutsche Parallelen (Berlin, 1989), p. 48.

26) 이에 대해서는 2002년 Deutschland Archiv 첫회 분에 게재될 나의 논문 "DDR-Historiker und imperialistische Ostforschung"을 참조하시오.

27) Robert G. Moeller, Geschützte Mütter. Frauen und Familien in der westdeutschen Nachkriegspolitik (München, 1997), p. 166ff.

28) Hans Günter Hockerts, Sozialpolitische Entscheidungen im Nachkriegsdeutschland (Stuttgart, 1980), p. 285에서 재인용.

29) Protokoll der Verhandlungen des VII. Parteiges der Sozialistischen Einheitspartei Deutschlands, Vol. I (Berlin, 1967), p. 236f.

30) Dietrich Staritz, Geschichte der DDR, erw. Neuaug. (Frankfurt/M. 1996), p. 196.

31) Oskar Anweiler, Schulpolitik und Schulsystem in der DDR (Opladen, 1988) 참조.

32) Dorothee Wierling, Geboren im Jahr Eins : der Geburtsjahrgang 1949 in der DDR. Biographische und historische Erfahrungen, Habil.-Schrift (Potsdam, 2001).

33) Christoph Kleßmann, "Arbeiter im "Arbeiterstaat". Deutsche Traditionen, sowjetisches Modell und westdeutsches Magnetfeld, Aus Politik und Zeitgeschichte, Vol. 50, 2000, pp. 20~28. 영어로 곧 출판될 다음 책을 참조. Christoph Kleßmann, ed., The Divided Past (Oxford, 2001).

34) 이 문제는 Christoph Kleßmann, "Protestantische Kirchen und nationale Identität im geteilten Deutschland", Kirchliche Zeitgeschichte, Vol. 12 (1999), pp. 441~458에 상세히 서술되어있다.

35) Ulrich Bayer, "Die 'deutsche Frage' auf den EKD-Synoden 1958~1963", Kirchliche Zeitgeschichte, Vol. 3, 1990, p. 341.

36) Gerhard Besier, Stephan Wolf, ed., 'Pfarrer, Christen und Katholiken'. Das Ministerium für Staatssicherheit der ehemaligen DDR und die Kirchen, (Neukirchen-Vluyn, 2. Aufl. 1992), p. 520.

37) Manfred Stolpe, "Modell für deutsch-deutschen Dialog. Anmerkungen zur besonderen Gemeinschaft", Kirche im Sozialismus, Vol. 10, No. 2, 1984, pp. 15~24.

38) Edgar Wolfrum, Geschichtspolitik in der Bundesrepublik Deutschland (Darmstadt, 1999), p. 311ff. 참조.

39) Stefan Wolle, Zeit (Nov. 9, 2000), p. 57.

40) Peter Graf Kielmansegg, Nach der Katastrophe. Eine Geschichte des geteilten Deutschland (Berlin, 2000).

41) Werner Weidenfeld, Hartmut Zimmermann, ed., Deutschland-Handbuch. Eine doppelte Bilanz 1949~1989 (Bonn, 1989). 미주 23)에 소개된 문헌도 참조.

42) Peter Graf Kielmansegg, Nach der Katastrophe. Eine Geschichte des geteilten Deutschland (Berlin, 2000), p. 10.

부록 3

포츠담 현대사연구센터는 어떤 곳인가

독일 포츠담 현대사연구센터 건물 입구

1. 연구소 창설과 연구소의 과제

하나의 학문분과로서 현대사와 현대사연구소가 독일에 자리
잡게 된 것은 제2차 세계대전 후에 전개된 광범위한 사회, 정치
적 변혁의 결과이다. 1945년 제2차 세계대전과 나치 독재가 종식
되었다. 그로부터 몇 년 후 역사학의 독립분과로서 현대사 연구
가 시작되었고, 뮌헨 현대사연구소(Institut für Zeitgeschichte in Mün-
chen)가 창설되기에 이르렀다. 이 연구소의 중심 연구과제는 나
치 독일의 역사였다.

1989/90년 동유럽과 동독에서 민주화혁명이 발생하고 공산주
의체제가 붕괴했으며, 나치에 이어 두번째로 독일에 수립되었던
사회주의 독재체제가 종식됨과 더불어 독일은 통일을 이루게 되
었다. 그 후 얼마 안되어 포츠담에 또 하나의 새로운 현대사연구
소가 창설되었다. 현대사연구센터(ZZF)라 명명된 이 연구소는 동
독사와 더불어 유럽사의 맥락에서 동·서독 관계사를 연구하는
것을 중심과제로 설정하고 있다.

지난 수년간의 활동[1]을 통해 포츠담 현대사연구센터는 이 분
야에서 가장 영향력 있는 연구기관의 하나로 자리잡았다. 미국
노스캐롤라이나 대학 교수인 야라우쉬(Konrad H. Jarausch)와 포츠
담 대학 현대사 교수인 클레스만이 현재 공동으로 연구소의 지

---

[1] 포츠담 연구소는 1995년까지는 현대사 중점연구소라는 이름으로, 1996
년 이후부터는 포츠담 현대사연구센터라는 새로운 이름하에 연구활동
을 전개하고 있다.

휘를 맡고 있다.[2] 연구소 창설 당시 초대 소장은 독일의 권위 있는 역사가이며 얼마 전 베를린 사회과학연구센터(Wisseschaftszentrum) 회장이 된 위르겐 코카(Jürgen Kocka) 교수가 역임했다.[3]

연구소 재정은 브란덴부르크주와 독일 학술진흥재단(Deutsche Forschungsgemeinschaft)이 대략 1 : 2의 비율로 분담하고 있다. 브란덴부르크주는 연구소의 기본설비와 유지비, 연구소 행정에 드는 비용과 연구소장에 대한 보수를 맡고 있으며, 독일 학술진흥재단은 기한부 연구프로젝트들을 재정적으로 지원하고 있다.

연구소의 연구원들은 동독과 서독 출신으로 고루 구성되어 있으며, 전공분야도 다양하고 또한 상이한 정치적 배경을 갖고 있기도 하다. 체제비판세력에 속했던 동독 출신 연구원이 있는가 하면, 동독 체제에서 역사가로서 성공적으로 활동했던 연구원도 있다. 물론 후자의 경우 과거 행적이 정치적으로 비난받을 소지가 없는 자들에 국한되었다. 연구원들의 출신지와 사회적 배경, 각 개인의 상이한 경험을 놓고 볼 때 연구소 자체가 바로 독일 통일의 시험장이라 할 수 있다.

---

2) 클레스만 교수는 이 글을 쓸 당시(2001년)에는 야라우쉬 교수와 공동 소장이었으나, 2004년 2월 정년을 하였고, 지금은 야라우쉬 교수가 연구소를 이끌고 있다.

3) (역주) 코카 교수는 1993년까지 이 연구소를 이끌었다.

2. 분리된 과거, 공동의 역사

1990년까지 독일은 두 국가로 분단되어 있었을 뿐 아니라 전후 독일사를 완전히 다르게 해석하는 두 개의 역사학으로 분열되어 있었다. 게다가 서독의 경우 제 학문분과의 전문연구가 각각의 분단국가에 국한하여 진행된 경향을 보였다. 즉 역사가와 정치학자들에게 서독과 동독은 별개의 연구대상이었다. 이와 같은 서독사와 동독사로의 학문적 분리는 독일의 분단을 명백히 반영하는 것이었다.

이러한 분리적 연구경향은 잘못된 것이었을까? 현대사가들과 사회과학자들이 공공연하게 혹은 은밀하게 독일 전체의 관련성을 염두에 두고 연구하기를 포기한 이유는 무엇인가? 그것은 동·서독이 진정 완전히 상이한 두 개의 정치체였기 때문인가? 혹은 아무도 재통일, 더 적절하게 얘기해서 통일이 가능하다고 믿지 않았기 때문일까? 의심할 여지없이 분단의 과거는 학문적으로 지금도 여전히 영향을 미치고 있다. 독재와 민주주의의 두 역사는 서로 대립적 전형에 따라 전개되었고, 서로 상이한 그러면서도 유사한 발전여건을 갖고 있었으며, 서로 상이하게 경험되었다. 두 국가의 존재를 지금 인위적으로 하나의 통일된 역사적 구도하에 민족국가라는 틀로 조화시킬 수는 없다. 그러나 1989년 가을 동독의 민주화혁명과 국가적 통일의 달성은 독일 전후사에 대한 해석의 좌표들을 총체적·심층적으로 변화시켰다.[4]

3. 1996년부터 2000년까지 연구 프로젝트

1996년부터 2000년까지 20여 명의 동·서독 출신 전문연구원들이 "동독의 지배구조와 동독사 인식의 제 영역"이라는 통합적인 제목하에 다양한 개별 주제와 문제들에 대한 연구를 전개했다. 연구주제의 스펙트럼은 '동독의 소비에트화와 자주성', '사회주의 엘리트'의 형성과 동독의 일상에서 행해진 '지배와 자기고집(Eigen-Sinn)'의 문제를 비롯하여 통사당에 의해 규정된 역사상(Geschichtsbild)의 문제까지 다양하게 설정되어 있다.

이 프로젝트들은 모두 일방적인 매도나 미화가 아니라 다양한 시각으로 동독사를 연구한다는 기본입장에서 출발하고 있다. 이는 한편으로 동독 시민들의 개인적 삶의 경험을 진지하게 조명하고, 다른 한편으로 동독 권력기구들이 남긴 문헌자료들을 토대로 동독인들의 삶의 경험 배후에 자리잡고 있었던 동독의 지배구조를 밝혀낸다는 것을 의미했다. 이러한 연구시각은 야라우쉬가 지적한 대로 '비판적 역사화'라는 명제로 대변된다. 그리고 여기에는 학문적 성찰을 통해 사회주의 독재청산 과정을 촉진한다는 정치적 차원까지 내포되어 있다.

포츠담 현대사연구센터에 의해 추진된 프로젝트의 1차 연구결과들은 현재 4권의 책으로 출판되었고, 영어로 출판된 『독재의

---

4) 이에 대해서는 Christoph Kleßmann et al. (ed.), Deutsche Vergangenheiten : eine gemeinsame Herausforderung. Der schwierige Umgang mit der doppelten Nachkriegsgeschichte (Berlin, 1999) 참조.

경험』이라는 책에 압축적으로 수록되어 있다.[5] 그밖에도 단일 주제를 다룬 단행본들이 계속해서 나올 예정이며, 일부는 이미 출판되었다.

2000년까지 종결된 프로젝트들의 주요 문제제기와 연구결과를 간략하게 소개하면 다음과 같다.

1) '동독의 소비에트화와 자주성 1945~1953'

소련 군정기와 동독 시절에 행해진 소비에트화는 원칙적으로 모든 사회·정치영역에서 전개되었다. 그러나 가장 강도 높고 완벽하게 소비에트화가 추진된 곳은 정치·사회적으로 민감한 분야, 즉 권력과 사회적 안전 문제와 직결된 분야였다.

소련식 모델이 동독 사회에 이식된 것은 소련만의 의도였을까? 아니면 통사당의 정치적 이해관계에서도 비롯된 것인가? 러시아, 체코슬로바키아, 동독의 공문서관들에 소장되어 있는 문서를 최초로 분석한 결과, 이 문제에 대해 다음과 같은 다양한 연구결과를 얻을 수 있었다. 우선 소비에트화는 소련의 명령을 토대로 실행되었지만, 그것은 정권을 장악하기 위한 통사당의

---

5) Korrad H. Jarausch (ed.), Dictatorship as Experience. Towards a Socio-Cultural History of the GDR (New York/Oxford, 1999) ; Thomas Lindenberger (ed.), Herrschaft und Eigen-Sinn in der Diktatur. Studien zur Gesellschaftsgeschichte der DDR (Köln-Weimar-Wien, 1999) ; Peter Hübner (ed.), Eliten im Sozialismus. Beiträge zur Sozialgeschichte der DDR (Köln-Weimar-Wien, 1999) ; Martin Sabrow (ed.), Geschichte als Herrschaftsdiskurs. Der Umgang mit der Vergangenheit in der DDR (Köln-Weimar-Wien, 2000).

정치적 목적에도 부합하는 것이었다. 소비에트화는 동독의 특수성을 고려하여 이루어졌고, 단계별로 진행되었으며, 필요할 경우 애초의 계획을 수정해 가면서 진행되었다. 또한 소비에트화는 국가와 사회 제 영역에서 각기 다른 강도와 일관성을 가지고 진행되었다.

이 주제에 관련된 개별 세부 프로젝트들을 통해 동독과 소련이 시행한 대외정책상의 주요 과정이 비교 분석되었고, 양자간의 공통점과 차이점도 밝혀졌다. 또한 이 프로젝트들은 동독에서와 마찬가지로 소련식 모델이 이식된 동유럽의 다른 국가들에서 나타나는 소비에트화 과정의 제 특성도 연구, 분석했다. 이와 관련해서는 특히 '새로운 유형의 스탈린주의적 정당'의 중심 역할에 대한 연구가 이루어졌다. 그밖에도 동독에서 소비에트화는 어떤 방식과 수단을 통해, 그리고 어떤 형식으로 전개되었는지를 분석하여 이 문제에 대한 인식의 지평을 확대할 수 있었다.

2) '독재체제하의 지배와 자기고집'

평생 농업에 종사해온 동독 농촌지역의 한 농부는 자기 아들이 농업생산조합에 가입하려고 하자 "공산주의자들을 멀리하거라. 그들은 일을 하려 들지 않는다"라고 경고했다. 한편 동독 소도시 출신의 한 여성 전문방직공은 "거기에는 무언가 체계가 없어요"라는 말로 사회주의 국영기업의 무질서한 상황에 대항하여 벌였던 수년간의 투쟁을 체념하듯 결산했다. 그런가 하면 양계업에 종사하는 한 여성은 "정치로는 결코 닭을 키울 수 없어요"
라고 말했는데, 이는 그녀가 통사당 국가(SED -Staat)에 충성심을
갖고 있으면서도 당과 국가기관의 간부들이 자신의 직업적인 일
에 간섭하는 것은 용납하려 하지 않았음을 뜻한다.

  (동독인들의 증언을 통해 기억된) 당과 국가의 부당한 요구와 감
독에 맞선 시민들의 자기고집은 비록 정치적 저항으로 귀결되지
는 않았지만, 동독의 많은 생활영역에서 발견되었다. "독재체제
하의 지배와 자기고집"을 담당한 프로젝트 연구팀은 바로 이 점
에 주목하여 일상의 미시적 구조 연구에 중점을 둠으로써 동독
인들이 구체적으로 어떤 방식으로 자신들에게 강요된 억압적인
환경으로부터 최선의 것을 얻어내고자 했는지를 밝히고자 하였
다. 이를 위해 각 지역의 사료를 분석하고 구동독인들과의 인터
뷰를 통해 압연공장 노동자, 여성방직공, 농부와 마을경찰, 원양
어업 종사자, 여성양계업자를 연구했으며, 시사풍자가와 민사담
당 판사 같은 지식인들에 대한 사례연구도 수행했다. 이러한 문
제들에 대한 연구논문들은 동독사가 단지 통사당 독재의 구축과
지루한 몰락의 역사가 아니라 독재하에서 살았던 인간들의 역사
이기도 하다는 것을 보여준다.

3) '사회주의체제의 엘리트'

  동독에서는 근로자의 사회, 즉 '지도적 정당(여기서는 동독공산
당인 통사당을 의미한다 – 역자)'을 선두로 하는 노동자와 농민의

사회가 주창되었다. 동독의 초대 대통령이 가구공 출신이라는 점은 이에 부합하는 대표적인 예이다. 동독은 과연 구부르주아 엘리트의 영향력에서 완전히 벗어났고, 새로운 엘리트를 육성할 필요가 없었는가? 통사당 정권에 의해 표방된 바와 달리 동독 초기부터 이미 부르주아 엘리트의 전문능력을 완전히 배제할 수 없음은 자명했다. 또한 소위 노동자·농민의 권력을 대변하는 자들에게서도 권력을 가진 자로서 오만한 태도가 엿보였다. 그렇다면 공식적으로 표방된 바와 달리 동독에도 새로운 엘리트 계층이 형성되었던 것일까?

이 프로젝트의 연구주제는 다양하다. 우선 1945년 이후 동독 지역의 엘리트 교체과정, 새로운 권력과 전문적 기능엘리트 (Funktionalisten)의 형성과 이들의 자격 문제를 들 수 있다. 또한 어떤 행동양식과 가치지향성이 동독 엘리트 충원과정의 결정기준이 되었는지, 동독 엘리트들의 지휘스타일은 구체적으로 어떠했고, 엘리트가 되고자 했던 동기는 무엇이었는지를 밝혀내는 것도 주요 연구과제였다. 나아가 1989/90년에 전개된 정치·사회적 변혁과정의 결과로 야기된 동독 엘리트의 몰락과정 역시 연구주제에 포함되었다.

이 프로젝트에서는 특히 동독 사회 각 분야의 간부집단 충원과 관리체제에 대한 상세한 연구가 이루어졌다. 그런 연구를 통해 간부집단의 충원과 관리체제의 적지 않은 기능적 결함이 동독 체제의 강력한 사회·정치적 영향력 행사를 어떻게 제약했는지 밝혀냈다. 또한 전통과 타성이 동독의 전문적 기능엘리트의 활동에 많은 영향을 주었지만, 다른 한편으로 이들의 활동은 기술관료주의에 영향받았다는 사실도 입증되었다.

동독의 엘리트 충원과 전문화과정, 이들의 행위동기, 지휘스타일, 정신상태, 가치지향성에 대한 연구결과들은 일반적으로 엘리트의 발전과정이 모든 면에서 과거와의 연속성뿐 아니라 단절적 경향을 복합적으로 내포하고 있었음을 분명하게 보여준다. 또한 지도적 엘리트그룹과 이들의 '기구(Apparate)'가 1950년대 후반 이래 어떻게 하나의 체제로서 자리잡게 되었고, 이러한 체계가 권력진영 내에서 어떻게 외부의 영향을 차단했는지 설명해준다. 전체적으로 세부 프로젝트들은 통사당 정권과 그들이 양성한 권력 및 전문기능 엘리트들의 홍기와 몰락과정에 대한 역사를 다층적이고 세분화된 상으로 제시해 준다.

4) '지배담론으로서 역사학'

동독에서는 과거를 어떤 방식으로 이해했는가? 학문, 문학, 라디오, TV 각 부분에서 표현된 사회주의적 역사상은 어떤 모습이었고, 또 시기에 따라 어떤 변화를 경험했는가? 이 프로젝트와 관련된 제 연구작업들은 동독 역사서술의 내적 효력[6]을 조명하는 데 목표를 두었다. 이들의 관심은 동독 역사서술물 내용의 진위를 가리기보다, 이것이 어떤 기능과 작용메커니즘에 의해 생

---

6) (역자) 이는 동독 역사서술이 그 자체로 얼마나 논리가 있고 인정받을 수 있느냐는 것을 의미한다.

산되었는지 그리고 동독에서는 역사가 어떤 방식으로 전달되었
는지를 설명하는 데 있다.

이 프로젝트와 관련된 개별 연구논문들은 — 담론에 대한 푸
코(Foucault)의 개념적 정의를 수용하여 — 통사당 국가에서 '역
사'는 부분적으로 고유한 법칙을 가진 독립적 체제의 성격을 갖
고 있었음을 보여주었다. 이는 역사해석에 대한 접근방식이 서
독과는 여러 면에서 달랐지만, 그렇다고 동독에서 역사가 오로
지 정치에 종속되고, 진리에 대한 인식도 단순히 당의 이해관계
에 따라 결정되었다고 결론내릴 수 없다는 것을 의미한다. 현실
사회주의에서 역사적 의미세계(Sinnwelt)는 사실적인 것과 허구적
인 것, 과거와 현재의 관계를 설정함에 있어 서독과는 전혀 다른
전제에 입각해 있었다. 또한 동독에서는 '역사적 논쟁'과 역사학
의 학문적 책임에 대해서도 외부의 시각과는 다른 의미를 부여
했다.

이 논문들은 모두 동독의 역사담론이 갖고 있는 효력이 어떻
게 사료비판을 통해 제기될 수 있는 반박력을 무마시킬 수 있었
는지, 어떻게 정치적으로 강요된 바를 학문적으로 내면화하고,
서독의 대립적 역사적 사유의 영향력을 막아낼 수 있었는지 밝
혀주었다. 한편 경험적 사례연구 결과들은 동독의 역사담론이
검열의 형태를 변화시켰음을 보여준다. 즉 정부 검열관에 의한
노골적인 금지 형태에서 저자 스스로 책임지고 행하는 검열의
형태로 변화한 것이다. 동독 역사가들은 실제로 흔히 그들에게
행해지는 비난, 즉 정치적으로 터부시되는 주제에 대한 연구를

회피했다는 것을 인식하지 못했다. 말하자면 그들은 다른 지도를 보고 항해한 것이다.

4. 앞으로의 전망

2001년 1월에 시작된 새 프로젝트 회기의 연구중점도 역시 동독사이다. 그러나 연구의 범위는 특히 동·중부유럽, 서독, 서유럽 국가들과 동독을 비교사 및 관계사의 관점에서 연구하는 것으로까지 확대되었다. '독일과 유럽의 체제대립과 동독'이라는 새로운 프로젝트 제목에도 그 내용이 반영되어 있다. 이러한 통합 주제하에 여러 개의 세부 프로젝트들이 진행되고 있다. 예컨대 동·서 대립의 양상을 직접 목격할 수 있는 곳이었다는 점에 초점을 맞추어 정치사적 관점에서 베를린과 브란덴부르크 지역을 연구하는 프로젝트와 현실사회주의 국가들에서 '새로운 사회문제'에 해당되었던 사회정책 문제를 조명하는 사회사적 프로젝트가 현재 진행되고 있다. 그밖에도 냉전시기 대중매체를 통해 전개되었던 양 체제의 대립양상을 연구하는 미디어사적 프로젝트와 민주주의와 독재체제하에서 지배가 정당화되는 문화적 형식들에 대해 연구하는 문화사적 프로젝트가 있다.

이러한 주요 프로젝트들 외에 포츠담 현대사연구센터는 동독의 체제비판세력, 나치 독일과 동·서독 생활수준의 발전과정에 대한 비교, 동독인들의 외국인에 대한 태도, 나아가 현대사 서술에서 요구되는 체계화된 자기성찰의 문제 등도 분석대상으로 삼고 있다. 그외에도 모스크바에 있는 러시아공문서 정리작업이 끝나면 소련 군정기에 소련군사행정부가 내렸던 명령들을 모아 디지털화할 계획이다.

과거와 마찬가지로 앞으로도 세계 각국의 학자들이 이 연구소의 프로젝트에 참여할 것이다. 독일 학술진흥재단은 우선 2003년까지 ― 그 이후에도 계속될 전망이다 ― 이를 재정적으로 뒷받침하기로 결정했다. 연구소가 주최하는 정기 강연회와 회합을 통해 국내외 학자들과의 교류가 광범위하게 이루어지고 있고, 연구소가 조직한 연구서클이나 워크숍은 역사서술의 방법론적·이론적 문제들에 대한 내부적 의견교류를 활성화시키고 있다. 연구소 활동 전반에 대한 정보는 연구소가 발간하는 포츠담 회보(Potsdamer Bulletin)와 웹사이트(www.zzf-pdm.de)를 통해 얻을 수 있다. 독일 학술진흥재단의 재정지원을 받는 프로젝트 연구작업 외에도 포츠담 현대사연구센터는 더 광범위한 대중에게 다가가기 위한 가교가 되고자 끊임없이 노력해왔고, 현대사에 관련된 쟁점을 논의할 수 있는 장이 되고자 했다. 이 두 가지 과제는 앞으로도 연구소 작업에 반영될 것이다.

통일과 역사 새로 쓰기
- 독일현대사에서 배운다

▨
찍은날 2004년 11월 1일
펴낸날 2003년 11월 15일
▨
지은이 크리스토프 클레스만
옮긴이 최승완
펴낸이 장두환
펴낸곳 역사비평사
▨
등록번호 제1 - 669호 (1988. 2. 22)
서울시 종로구 계동 140 - 44
전화 02) 741 - 6123, 6124(영업) / 741 - 6125(편집)
팩시밀리 02) 741 - 6126
http://www.yukbi.com
Email yukbi@chol.com
▨

* 책값은 뒤표지에 표시되어 있습니다.

ISBN 89 - 7696 - 711 - 9 (93920)

* 잘못된 책은 구입하신 서점에서 바꾸어 드립니다.